この問題が出る！

# 地方自治法 スピード攻略

**第1次改訂版**

地方公務員昇任試験問題研究会［編著］

JN039319

学陽書房

# 第1次改訂版に当たって

　本書は、自治体昇任試験を受験される方々が、短期間で地方自治法の対策ができるように、地方自治法を必要最小限の50項目にまとめ、項目ごとに頻出問題を掲載した"スピード攻略"のための問題集です。

　通常、問題集を使う際には、問題を解き、解説を読んで、わからない箇所や疑問を基本書や参考書であたって確認するものです。本書では、その手間が極力省けるように、各項目について五肢択一の問題と肢別の解説、さらに解答のカギとなる重要ポイントをまとめて「解説書を兼ねた問題集」としました。

　自治体の昇任試験における地方自治法は、**試験に出るところは限られている**ので、本書を利用して頻出項目を重点的に勉強するのが一番の近道です。ただし、外部監査契約など条文の複雑な箇所は、解説で概要を確認してから問題を解くことが効率的と思われます。本書には重要ポイントの解説を収めていますので、最初に解説を読んでから、問題にあたることも可能です。

　本書を繰り返し解くことで、基本的な知識と解答力を確実に身に付けることができます。

　本書は、次のような特長をもっています。

## ・最新の地方自治法等の改正に対応

　請負禁止の範囲の明確化・緩和、災害等の場合の招集日の変更（令和4年12月公布）と、地方議会の役割及び議員の職務等の明確化等（令和5年5月公布）の地方自治法改正に対応しています。

## ・地方自治法の頻出項目を収録

　過去5年間の本試験で実際に出題された問題から、頻出問題を掲載しています。さらに、各設問には出題頻度の高い順に★★★、★★、★の3段階でランクを付けているので、時間のないときには頻度の高い順から学ぶとより効果的です。

・五肢択一の問題と肢別の解説を見開きで掲載

　五肢択一の問題を左頁に、各肢に対応する解説を右頁に掲載しました。解説の頁には、正答にたどり着くためには、何が決め手になるのかについても掲載しています。

・試験で問われる重要ポイントを見開きで整理

　上記の肢別の解説頁に加え、各項目の重要ポイントを整理した解説を見開きで収録しています。重要ポイントでは、地方自治法の基本的な知識、試験で問われることの多い論点についてその定義、用語や制度の違い等についてコンパクトにまとめています。

・図解・図表によって数値や制度の流れをイメージ化

　複雑な構造になっている地方自治法は、頭の中にイメージとして覚えることが大切ですから、本書では図または表をできる限り用いています。

　設問で問われることの多い定足数や定数の違いなど様々な数値の規定は表に整理しています。また、再議制度や関与の原則などは、制度の流れがシンプルにわかるような図解化を心がけました。

　これらの図解や図表でイメージをつかんでから条文にあたると、構造がより明確になってきます。


　なお、本書の前版は『これだけで大丈夫！　地方自治法50問』（2015年刊）のタイトルを変更し、改訂したものです。出題頻度の高い問題を短期間で習得し、一気に得点力のアップを狙えることが本書の最大の特長であるため、改訂を機に本書の一番の特長をタイトルに示すべく改題することとしました。

　受験者各位が本書をフルに活用し、難関を突破されることを期待しております。

　2023年 7 月

地方公務員昇任試験問題研究会

# 目　次

★★★、★★、★……頻出度順の星印

## 法令略称名

| | |
|---|---|
| 日本国憲法 | 憲法 |
| 地方自治法 | 法、自治法 |
| 地方自治法施行令 | 令 |
| 行政不服審査法 | 行服法 |
| 地方教育行政の組織及び<br>運営に関する法律 | 地教法 |
| 地方公務員法 | 地公法 |
| 地方分権の推進を図るための<br>関係法律の整備等に<br>関する法律 | 地方分権一括法 |

## 条文等引用表記

| | |
|---|---|
| 法109③⑵ | 地方自治法第109条第3項第2号 |
| 最判昭53・5・26 | 最高裁判所判決　昭和53年5月26日 |
| 行実昭25・5・31 | 行政実例　昭和25年5月31日 |
| 通知昭38・12・19 | 通知　昭和38年12月19日 |

## 本書をより効果的に使うために

　受験者である自治体職員のみなさまが昇任試験対策のために地方自治法を短期間で習得するためには、次のことをふまえながら、本書に取り組まれることをお勧めします。

☆

1　[条文対策] 地方自治法の問題を解く際には、該当条文にあたることが最も大事です。各解答、解説に示した条文については、できる限り「地方自治ポケット六法」等を見て該当条文を確認しましょう。

2　[条文の読み方] 上記1の際における条文の読み方のコツは、まず、カッコがあるものは、カッコを外して読むことです。

　「又は」と「若しくは」「並びに」と「及び」については、本書13頁を参照してください。

3　[行政実例対策] 行政実例は、条文をキチンと把握しておけば、妥当な解釈であると思われるものが大部分ですので、それほど神経質になる必要はありません。本書に登場する行政実例を押さえておけばよいでしょう。

4　[制度の具体的な理解のために] 地方自治に関する事件が、地方自治法の条文ではどのようになっているか、絶えず意識してください。

　例えば、近年、首長に対する不信任議決が出され、首長が議会を解散した例には事欠きません。首長が議会を解散しない場合は、首長が失職するということを条文にあたり、確認しましょう（本書114頁参照）。

　また、役所の庁舎の中には、たいてい食堂があります。役所は、公有財産のうちの行政財産です。自治体は食堂の経営者に対して、行政財産の目的外使用の許可をしているはずです（本書166頁参照）。身近なところに地方自治法を理解する題材が転がっていますので、日常の職場においても本書に登場する用語や制度を意識することを心がけましょう。

# Question

憲法の地方自治に関する記述として、妥当なのはどれか。

1　憲法は、地方公共団体の組織及び運営に関する事項を法律で定めることとしており、地方自治の内容をいかなるものにするかは、すべて国権の最高機関である国会の判断に委ねられているものと解される。

2　地方公共団体には、法律の定めるところにより、その立法機関として議会を設置することとされている。

3　憲法上直接選挙されるべきものとしているのは、地方公共団体の長と議会の議員である。

4　地方公共団体は、その財産を管理し、事務を処理し、及び行政を執行する権能を有し、法律の範囲内で条例を制定することができる。

5　一つの地方公共団体のみに適用される特別法は、当該地方公共団体の議会の議決を経て、住民の投票において過半数の同意を得なければ国会は制定できない。

# **A**nswer

　憲法は、地方自治に関しては92条から95条までしかありませんが、いずれも重要な条文ですので覚えるようにしましょう。

| 92条 | 地方公共団体の組織及び運営に関する事項は、**地方自治の本旨**に基づいて、法律でこれを定める。 |
|---|---|
| 93条 | ①　地方公共団体には、法律の定めるところにより、その**議事機関**として**議会**を設置する。<br>②　地方公共団体の長、その議会の**議員**及び法律の定めるその他の吏員は、その地方公共団体の住民が、**直接これを選挙**する。 |
| 94条 | 地方公共団体は、その財産を管理し、事務を処理し、及び行政を執行する権能を有し、**法律の範囲内**で**条例を制定**することができる。 |
| 95条 | 一つの地方公共団体のみに適用される**特別法**の規定。 |

1　誤り。憲法92条の条文は、上記のとおりです。自治体に関する法律は、地方自治の本旨（住民自治と団体自治）を生かすものでなければならず、地方自治に反する法律は違憲無効となります。

2　誤り。地方公共団体には、その**議事機関**として議会を設置します（憲法93①、法89①）。議会は、単なる立法機関ではなく、多くの行政的機能（検査権、同意権等）を有します。国会が国の立法機関である（憲法41）のと異なることに留意してください。

3　誤り。憲法上直接選挙されるべきものとしているのは、地方公共団体の長と議会の議員のほかに「法律の定めるその他の吏員」（憲法93②）として農業委員会及び漁業調整委員会の公選委員があります。

4　正しい（憲法94）。

5　誤り。1つの地方公共団体のみに適用される特別法は、住民の投票において過半数の同意を得なければ国会は制定できませんが、当該地方公共団体の議会の議決は不要です（憲法95）。

**正解**　4

# 重要ポイント

### ポイント❶ 住民自治の本旨（憲法92）である住民自治と団体自治

**住民自治**とは、地域の行政運営は、地域の住民の意思と責任で行うということで、民主主義の要請からきています。自治体の内部的自治の原則です。

**団体自治**とは、国家とは別個の独立した地域団体（自治体）とその自治権を認めることです。対外的自治の原理です。地方公共団体は、国から独立して法人格を有し、権利義務の主体となります。

### ポイント❷ 団体自治を理論付ける固有説と伝来説

団体自治の理論的根拠として、固有説と伝来説があります。

① 固有説は、自治権は、国家から与えられたものではなく、地方公共団体が本来有している前国家的権利であるとする説です。

② 伝来説は、自治権は、国家から与えられたもので、前国家的なものではないとする説です。

現行憲法が地方自治を規定していることから、国家により定められた憲法により伝来していると考える「憲法伝来説」が一般的です。また、有力説は、憲法が地方自治という制度を保障していると解し、憲法が定める地方自治の本旨に基づいて国の立法政策が制約されているとしています（制度的保障説）。

### ポイント❸ 地方公共団体は大統領制

地方公共団体の組織については、長も議員も住民が直接選挙するという「大統領制（首長主義）」を採用しています（憲法93）。議会の議員だけを選挙し、その議会が議員の中から内閣総理大臣を選任する国の「議院内閣制」（憲法67）と対比されます。

■議院内閣制と大統領制の比較

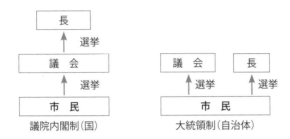

議院内閣制（国）　　　　　大統領制（自治体）

## ポイント④ 地方公共団体の行政権と立法権

　憲法94条は、地方公共団体に行政権と立法権を認めています。この憲法の規定を受けて、自治法14条1項は「普通地方公共団体は、**法令**に違反しない限りにおいて、条例を制定することができる」と定めています。憲法では、「法律の範囲内」となっていたのが、自治法では「法令（法律と政令）の範囲内」となり、条例は、政令にも効力が劣ることになります。なお、地方公共団体に司法権はありません。

## ポイント⑤ 1つの地方公共団体のみに適用される特別法

　この特別法は、住民の投票において**過半数の同意**を得なければ国会は制定できません（憲法95）。特定の地方公共団体に不利益な法律が立法されることを防ぎ、地方公共団体の自治権を守るために、この制度ができました。例として、昭和24年の「広島平和記念都市建設法」や「長崎国際文化都市建設法」などがあります。しかし、条例の方がよりふさわしいということで、その後はあまり例がありません。

## Question

　地方自治法に規定する普通地方公共団体の名称の変更に関する記述として、妥当なのはどれか。

1　都道府県が、その名称を変更しようとするときは、条例でこれを定めなければならない。

2　都道府県以外の普通地方公共団体が、その名称を変更しようとするときは、当該普通地方公共団体の属する都道府県の条例でこれを定めなければならない。

3　都道府県以外の普通地方公共団体の長は、当該普通地方公共団体の名称を変更しようとするときは、あらかじめ総務大臣の許可を得なければならない。

4　都道府県以外の普通地方公共団体が、その名称を変更する条例を制定し又は改廃したときは、直ちに都道府県知事に当該普通地方公共団体の変更後の名称及び名称を変更する日を報告しなければならない。

5　市町村の名称を変更しようとするときは、住民投票が必要である。

# **A**nswer

　普通地方公共団体の名称変更は比較的よく出題される問題です。①都道府県は法律で、②市町村、特別区、財産区は条例で定めることを押さえましょう。

**1**　誤り。都道府県が、その名称を変更しようとするときは、**法律**でこれを定める必要があります（法3②）。

**2**　誤り。都道府県以外の普通地方公共団体が、その名称を変更しようとするときは、**当該普通地方公共団体の条例**でこれを定めなければなりません（法3③）。

**3**　誤り。都道府県以外の普通地方公共団体の長は、当該普通地方公共団体の名称を変更しようとするときは、あらかじめ**都道府県知事に協議**しなければなりません（法3④）。

**4**　正しい（法3⑤）。

**5**　誤り。市町村の名称の変更については、法律で定めるわけではありませんから、憲法95条の「特別法」に該当せず、住民投票は、必要ありません。

**正解**　**4**

> **あわせて覚えよう！**　　条文の読み方
>
> ①　「A又はB若しくはC」の読み方（英語ではOR）
> 　　→A又は（B若しくはC）
> 　　「**若しくは**」の方が結合力が強いので、（　）にして読みます。
> 　例　法96条10号（議決事件）
> 　　（法律**若しくは**これに基づく政令）**又は**条例に特別の定めがある場合を除くほか、権利を放棄すること。
> ②　「A並びにB及びC」の読み方（英語ではAND）
> 　　→A並びに（B及びC）
> 　　「**及び**」の方が結合力が強いので、（　）にして読みます。

### ポイント**❶** 地方公共団体の種類と分類

　地方公共団体は、まず、普通地方公共団体と特別地方公共団体に分類されます（法１の３）。普通地方公共団体は、都道府県と市町村に分かれ、両者は、法的には対等の法人であり、上下関係はありません。

　地方公共団体 ── 普通地方公共団体 ── 都・道・府・県
　　　　　　　　　　　　　　　　　　 市・町・村
　　　　　　　── 特別地方公共団体 ── 特別区（問49）
　　　　　　　　　　　　　　　　　　 地方公共団体の組合（問50）
　　　　　　　　　　　　　　　　　　 財産区

### ポイント**❷** 市・町の成立要件は異なる

　市・町の成立要件（法８①、②）は、次のとおりです。
① 市の成立要件
　ア 人口５万以上
　イ 中心市街地の戸数が全戸数の６割以上
　ウ 都市的業態の従事者及び同一世帯の者が全人口の６割以上
　エ 都道府県条例で定める都市としての要件を備えていること
② 町の成立要件
　都道府県条例で定める町としての要件を備えていること

### ポイント**❸** 特別区と政令指定都市の行政区の違い

　特別区は次表を見てもわかるように地方公共団体の１つです。

**■性格の違い・区長と議会の有無**

| | 特別区 | 政令指定都市の行政区 |
|---|---|---|
| 性格 | 地方公共団体の1つ（**法人格あり**） | 行政上の区画（**法人格なし**） |
| 区長 | 住民の直接選挙（特別職） | 市長の任命（一般職） |
| 議会 | あり | なし |

## ポイント❹ 地方公共団体の名称変更

　地方公共団体の名称は、従来の名称によるとされ（法3①）、自治法が制定施行されたときの名称をそのまま用います。地方公共団体の名称の変更は、住民の日常生活に重大な関係のある事項ですので、慎重な手続きが必要です。次の3種類があります。

**■地方公共団体の種類と名称変更手続の違い**

| 地方公共団体 | 名称変更手続 |
|---|---|
| 都道府県 | **法律**で定める（法3②）。<br>この法律は、1つの地方公共団体のみに適用される特別法に該当し、当該地方公共団体の住民投票において過半数の同意が必要（憲法95）。 |
| 市町村<br>特別区<br>財産区 | **条例**で定める（法3③）。<br>知事にあらかじめ協議を要す（同条④）。 |
| 地方公共団体<br>の組合 | **組合の規約**で定める（法287①、291の4①）。 |

　都道府県以外の地方公共団体は、名称変更の条例を制定改廃したときは、直ちに都道府県知事に変更後の名称、変更する日を報告する必要があります（法3⑤）。

# Question

地方自治法に規定する市町村の区域に関する記述として、妥当なのはどれか。

1　市町村の区域内にあらたに土地を生じたときは、市町村長は、当該市町村の議会の議決を経てその旨を確認し、都道府県知事に届け出なければならない。

2　都道府県の境界にわたらない市町村の境界変更は、関係市町村の申請に基づき、都道府県知事が当該都道府県の議会の議決を経てこれを定めれば足り、その旨を総務大臣に届け出ることを要しない。

3　都道府県の境界にわたる市町村の設置を伴う市町村の廃置分合は、関係市町村の申請に基づき、都道府県知事が、あらかじめ総務大臣に協議し、その同意を得た上で、当該都道府県の議会の議決を経てこれを定める。

4　市町村の境界が不明確な場合、その境界に関し争論がないときは、都道府県知事は、関係市町村の意見を聴いて、直ちにこれを決定する義務を負う。

5　市町村の境界変更又は廃置分合の申請につき、都道府県議会がその区域の一部を修正して議決し、又は当該都道府県知事が申請内容を一部修正して提案することはできる。

# **A**nswer

　普通地方公共団体の区域は、その沿革を尊重して、従来の区域によることとしていますが（法5①）、次の場合は区域を変更します。

① **廃置分合**（**法人格の変動を伴う**普通地方公共団体の新設又は廃止により、区域の変更を生じる場合）

② **境界変更**（法人格の発生、消滅に関係のない**単なる境界の変更**）

③ **所属未定地域の編入**（法7の2）

④ **あらたに生じた土地の確認**（法9の5）

　問題では、①から④について、都道府県と市町村に係る手続きがよく問われますので、区別を覚えましょう。

1　正しい（法9の5①）。

2　誤り。都道府県の境界にわたらない市町村の境界変更は、関係市町村の申請に基づき、都道府県知事が当該都道府県議会の議決を経て定め、**総務大臣に届け出なければなりません**（法7①）。

3　誤り。都道府県の境界にわたる市町村の設置を伴う市町村の廃置分合は、関係市町村の申請に基づき、**総務大臣がこれを定めます**（法7③）。

4　誤り。市町村の境界が不明確な場合、その境界に関し争論がないときは、都道府県知事は、関係市町村の意見を聴いて、これを**決定することができます**（法9の2①）。都道府県知事は、決定する義務を負うわけではありません。

5　誤り。市町村の境界変更又は廃置分合の申請につき、都道府県議会がその区域の一部を修正して議決し、又は当該都道府県知事が申請内容を一部修正して提案することは**できません**（行実昭25・2・1）。

**正解**　1

### ポイント**1** 廃置分合は４種類

廃置分合のパターンは、原則としてこの４つです。

① 分割（A市 ⇨ 新B市＋新C市）

② 分立（A市 ⇨ A市＋新B市）

③ 合体（A市＋B市 ⇨ 新C市）

④ 編入（A市＋B市 ⇨ A市）

### ポイント**2** 都道府県の廃置分合・境界変更は法律で定めるのが原則

都道府県の廃置分合又は境界変更は法律で定めるのが原則ですが、例外が次表のように３通りあります。

| 都道府県の廃置分合・境界変更の**原則**（法6①） | **法律**で定める<br>憲法95条の特別法、要、住民投票 |
|---|---|
| 例外①<br>都道府県の境界にわたる市町村の設置・境界変更（法6②）<br>例外②<br>所属未定地域の市町村区域への編入（法6②） | 都道府県の境界も**自ら**変更する |
| 例外③<br>申請に基づく都道府県合併（法6の2①） | 関係都道府県の申請（要、議会の議決）に基づき、**内閣**が国会の承認を経て決定 |

（注）　原則と例外①、②の場合で、財産分与を必要とするときは、関係地方公共団体の協議（要、議会の議決）が必要です。

### ポイント**3** 市町村の廃置分合・境界変更は知事が定めるのが原則

市町村の廃置分合又は境界変更は、①**関係市町村の申請**（要、議会の議決）に基づき、②**知事**が当該**都道府県議会の議決**を経て定め、③**総務大臣**に届出する必要があります（法7①）。

## ■市町村の廃置分合又は境界変更の手続き（原則と例外）

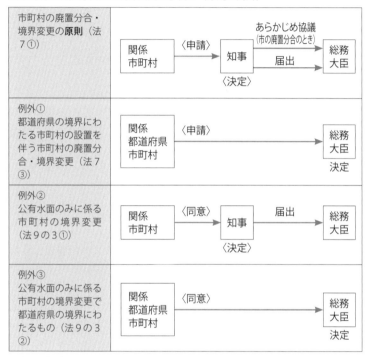

| | |
|---|---|
| 市町村の廃置分合・境界変更の**原則**（法7①） | 関係市町村 →〈申請〉→ 知事〈決定〉 → あらかじめ協議（市の廃置分合のとき）／届出 → 総務大臣 |
| 例外① 都道府県の境界にわたる市町村の設置を伴う市町村の廃置分合・境界変更（法7③） | 関係都道府県市町村 →〈申請〉→ 総務大臣 決定 |
| 例外② 公有水面のみに係る市町村の境界変更（法9の3①） | 関係市町村 →〈同意〉→ 知事〈決定〉 → 届出 → 総務大臣 |
| 例外③ 公有水面のみに係る市町村の境界変更で都道府県の境界にわたるもの（法9の3②） | 関係都道府県市町村 →〈同意〉→ 総務大臣 決定 |

(注)　・〈 〉は、当該普通地方公共団体の議会の議決が必要なものです。
　　　・原則と例外①の場合で、財産分与を必要とするときは、関係地方公共団体の「議会の議決を経た協議」が必要です。

## ■所属未定地域の編入は内閣が決定（法7の2）

関係都道府県市町村 →〈意見〉→ 内閣〈決定〉 → 総務大臣 告示

## Question

　地方自治法に規定する普通地方公共団体の事務に関する記述として、妥当なのはどれか。

1　市町村は、基礎的な地方公共団体として、広域にわたるもの及び市町村に関する連絡調整に関するものを除いたすべての事務を処理しなければならない。

2　地方公共団体は、その処理する事務が自治事務である場合においては、法律又はこれに基づく政令に違反しない限りにおいて条例を制定することができるが、法定受託事務である場合においては条例を制定する余地はない。

3　自治事務とは、地方公共団体が処理する事務のうち、法定受託事務以外のものをいい、国は、法律又はこれに基づく政令により地方公共団体が処理することとされる事務が自治事務である場合においては、地方公共団体が地域の特性に応じて当該事務を処理することができるように配慮しなければならない。

4　第1号法定受託事務とは、法律又は都道府県の条例により市町村又は特別区が処理することとされる事務のうち、都道府県が本来果たすべき役割に係るものであって、都道府県においてその適正な処理を特に確保する必要があるものとして、法律又は都道府県の条例に特に定めるものをいう。

5　市町村及び特別区は、法令に違反してその事務を処理してはならないが、当該都道府県の条例に違反して行った市町村及び特別区の行為は、無効とはならない。

# **A**nswer

市町村と都道府県が処理する事務は次表のとおりです。

| 市町村が処理する事務（法2③、④） | 都道府県が処理する事務（法2⑤） |
|---|---|
| 基礎的な地方公共団体として<br>・都道府県が処理するもの以外の事務<br>　ただし、都道府県の処理が適当なものでも規模・能力に応じて処理可能 | 広域の地方公共団体として<br>①広域にわたる事務<br>②市町村の連絡調整<br>③規模・性質で市町村処理が不適当なもの |

1　誤り。市町村は、基礎的な地方公共団体として、都道府県が処理するものとされているものを除いた事務を処理するものとされています（法2③）。

2　誤り。普通地方公共団体の事務は、自治事務と法定受託事務に区分されますが（法2⑧、⑨）、普通地方公共団体は、自治事務だけではなく、法定受託事務に関しても条例を制定することができます（法14①）。

3　正しい（法2⑧、⑬）。

4　誤り。第1号法定受託事務とは、「法律又はこれに基づく政令により都道府県、市町村又は特別区が処理することとされる事務のうち、**国が本来果たすべき役割**に係るものであって、国においてその適正な処理を特に確保する必要があるものとして法律又はこれに基づく政令に特に定めるもの」です（法2⑨(1)）。

5　誤り。市町村及び特別区は、法令及び都道府県の条例に違反してその事務を処理してはなりません（法2⑯）。都道府県の条例に違反して行った市町村及び特別区の行為は無効です（同条⑰）。

**正解　3**

# 4 重要ポイント

## ポイント① 事務の区分1（地域における事務とその他の事務）

　普通地方公共団体の事務は、①**地域における事務**と②その他の事務で法律又はこれに基づく政令により処理することとなるものに分類できます（法2②）。

　②の事務の例として「北方領土問題等の解決の促進のための特別措置に関する法律」11条1項に基づいて、北方領土に本籍を有する者にかかる戸籍事務を根室市が処理する事務がありますが、めったにありません。

　したがって、普通地方公共団体の事務は、ほとんどが①地域における事務です。

## ポイント② 事務の区分2（自治事務と法定受託事務）

　**自治事務**とは、「地方公共団体が処理する事務のうち、法定受託事務以外の事務」です（法2⑧）。

　**法定受託事務**とは、「法律又はこれに基づく政令により地方公共団体が処理することとされる事務のうち、国（又は都道府県）が本来果たすべき役割に係るものであって、国（又は都道府県）においてその適正な処理を特に確保する必要があるものとして法律又はこれに基づく政令に特に定めるもの」です（法2⑨）。

■地方公共団体が処理する事務

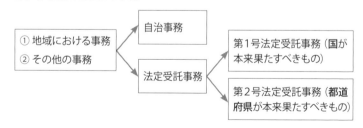

22

## ポイント❸ 自治事務と法定受託事務の違い

　従来の機関委任事務では、条例を制定することができませんでした。しかし、事務の新たな区分となった法定受託事務では、自治体の権限が拡大し、法令に違反しない限り、条例を制定することができるようになりました。また、原則として、議会の調査権等の権限や監査委員の権限も及ぶようになりました（問15　検査権・監査請求権参照）。

| | 自治事務 | 法定受託事務 |
|---|---|---|
| 条例の制定権 | 法令に違反しない限り可能 | 同左 |
| 議会の権限（検査権、監査請求権、調査権）監査委員の権限 | 原則、権限が及ぶ（労働委員会及び収用委員会の権限に属する事務で政令で定めるものを除く） | 原則、権限が及ぶ（国の安全を害するおそれがあることその他の事由により適当でないものとして政令で定めるものを除く） |
| 行政不服審査 | 規定がなく、国の機関への審査請求はできない | 所轄大臣、知事等に審査請求することができる |
| 代執行（国の関与） | 原則としてできない | 一定の手続きを経てできる |

## ポイント❹ 法定受託事務に対する審査請求の相手方

　市町村長が行う法定受託事務の場合、都道府県知事は市町村長の上級行政庁ではないので、法律に特別の定めがなければ審査請求の相手方は、市町村長となります（行服法4⑴）。

　しかし、法定受託事務については、法令の適正な執行を確保する責務を負う立場にあるものによる審査の機会を確保するという趣旨から、審査請求の相手方は都道府県知事とするという特別の定めが置かれています（法255の2①⑵）。

# Question

　地方自治法に規定する住民並びに普通地方公共団体の議会の議員及び長の選挙に関する記述として、妥当なのはどれか。

1　住民は、市町村の区域内に住所を有する者で、かつ、住民基本台帳に登録されたものに限られる。

2　住民は、自然人に限られ、法人は含まない。

3　日本国民たる年齢満18年以上の者は、当該普通地方公共団体の議会の議員及び長の選挙権を有する。

4　日本国民たる年齢満25年以上の者で引き続き3ヵ月以上市町村の区域内に住所を有するものは、当該普通地方公共団体の議会の議員の被選挙権を有する。

5　日本国民たる年齢満25年以上の者で引き続き3ヵ月以上市町村の区域内に住所を有するものは、当該市町村が属する都道府県知事の被選挙権を有する。

# **A**nswer

　長の被選挙権には、住所要件は必要ありません（法19②、③）。長のなり手について、住民以外からも広く人材を求めるためです。選挙権・被選挙権の一覧は27頁にまとめています。

　この表の勘所は、

① 　選挙権は18歳以上（平成27年6月の改正により年齢引下げ）

② 　被選挙権（立候補）は25歳以上（都道府県知事のみ30歳以上）

③ 　首長は住所要件不要

の3つです。


1 　誤り。市町村の区域内に住所を有する者は、当該市町村及びこれを包括する都道府県の住民となります（法10①）。すなわち、市町村の区域内に住所を有するという事実があれば、当然に住民の資格を取得します。住民登録等の公証的な行為を必要としません。

2 　誤り。住民は、自然人に限らず、法人も含みます。

3 　誤り。選挙権の要件として、住所要件（引き続き3ヵ月以上市町村の区域内に住所を有すること）が必要です（法18）。

4 　正しい（法19①）。

5 　誤り。都道府県知事の被選挙権については、年齢満30年以上であることが必要です。また、住所要件は不要です（法19②）。

**正解**　4

### ポイント❶ 住民とは「市町村の区域内に住所を有する者」

市町村の区域内に住所を有する者は、当該市町村及びこれを包括する都道府県の住民となります（法10①）。

すなわち、市町村の区域内に住所を有するという事実があれば、住民となります。

外国人も住民の資格を有します。ただし、個々の法令で、日本国民と外国人を区別している場合があります。自治法では、参政権、直接請求権については、日本国民に限っています（法11、12、13）。

さらに、自然人に限らず、法人も含みます。自然人の場合、性、年齢、選挙権の有無、行為能力の有無を問いません。住民登録等の公証的な行為も必要としません。

なお、「住所」とは、自然人については、生活の本拠を指します（民法22）。必ずしも、住所は1つとは限りません。法人については、主たる事務所の所在地（一般社団法人及び一般財団法人に関する法律4）又は本店の所在地（会社法4）に住所があります。

### ポイント❷ 住民の権利義務はこの一文

住民は、法律の定めるところにより、その属する普通地方公共団体の、

① 役務の提供をひとしく受ける**権利**を有し、
② その負担を分任する**義務**

を負います（法10②）。

### ポイント❸ 選挙権・被選挙権の要件は住所に注意

選挙権・被選挙権を有するには、ともに日本国民であることが必要です。

議員の被選挙権については、住所要件が必要ですが、長の被選挙

権については、住所要件は必要ありません（法19②、③）。長については、住民以外からも広く人材を求めるためです。

　選挙権・被選挙権の要件（法18、19）についてまとめると、下記の表のとおりです。

■選挙権・被選挙権の要件

| | | 年　齢 | 住所要件* | 国　籍 |
|---|---|---|---|---|
| 選挙権（法18） | | 満18年以上 | 必　要 | 日本国民 |
| 被選挙権（法19） | 議　員 | 満25年以上 | 必　要 | |
| | 知　事 | 満30年以上 | 不　要 | |
| | 市町村長 | 満25年以上 | 不　要 | |

＊　引き続き３ヵ月以上市町村の区域内に住所を有する者。

## ポイント❹ 住民基本台帳の整備は市町村の義務

　市町村は、別に法律の定めるところにより、住民たる地位に関する正確な記録として、住民基本台帳を常に整備しておく必要があります（法13の２）。

## Question

地方自治法に規定する条例に関する記述として、妥当なのはどれか。

1. 普通地方公共団体は、法定受託事務については、国の事務であるから、条例を制定することができない。

2. 普通地方公共団体は、義務を課し、又は権利を制限するには、法令に特別の定めがある場合以外は、条例で定めなければならない。

3. 都道府県は、その区域内の市町村の事務に関し、法令に特別の定めがあるものを除く外、条例で必要な規定を設けることができる。

4. 普通地方公共団体は、既に法令が規制している事項については、条例を制定することができない。

5. 普通地方公共団体の長は、議会の議決すべき事件について特に緊急を要するため議会を招集する時間的余裕がないことが明らかであると認めるときは、専決処分により条例を制定することができるが、この措置は臨時のものであって、次の会議において議会の承認が得られない場合には、その効力を失う。

# **A**nswer

条例の意義と制定権の範囲をしっかりと整理しましょう。

1 誤り。普通地方公共団体は、法令に違反しない限りにおいて当該団体が処理する事務（法2②）に関し、条例を制定できます（法14①）。法定受託事務も普通地方公共団体の事務ですから、法令に違反しない限りにおいて、条例を制定することができます。

2 正しい（法14②）。市民の自由を規制する場合や財産を侵害する場合には、法律の根拠が必要であるという自由主義的な政治思想が背景にあります（侵害留保説）。平成12年施行の地方分権一括法改正前は、行政事務とされていたものです。

3 誤り。地方分権一括法による改正前は、市町村の行政事務（住人の権利・自由を制限し、義務を課す権力的作用を内容とする事務）に関し、都道府県は、条例を制定できました。この条例を「統制条例」といい、この条例に違反する市町村の条例は無効とされました。

4 誤り。既に法令が規制している事項についても、①法令の執行を妨げるとき、②法令が全国一律の均一的な規制をしているとき（**最大限規制立法**）を除き、条例を制定することが可能です。

5 誤り。長は、議会の議決すべき事件について、特に緊急を要するため議会を招集する時間的余裕がないことが明らかであると認めるときは、専決処分により条例を制定することができます（法179①）。そして、長は、次の会議において専決処分の承認を求めなければなりませんが（同条③）、議会の承認を得られなかった場合においても、法律上その効力には影響がありません（行実昭26・8・15）。

**正解** 2

### ポイント❶ 条例の意義は2点をおさえる

　条例は、普通地方公共団体がその自治権に基づいて、議会の議決により定める自主法です。次の2点が最も重要です。

①　条例は、**法令**に違反しない限りにおいて、法2条2項の事務に関し制定することができます（法14①）。憲法94条は「地方公共団体は、**法律**の範囲内で制定することができる」と規定していますので、自治法は、憲法より条例の制定権の範囲を制限していることになります。

②　義務を課し、又は権利を制限するには、法令に特別の定めがある場合以外は、条例で定めなければなりません（同条②）。

### ポイント❷ 規制をめぐる法令と条例の関係

　条例は、法令が既に規制しているかどうかで、制定できるかどうかの扱いが異なります。次表の網掛け部分では制定できません。

■法令の規制と条例の制定範囲

| A　法令が規制していない事項<br>（未規制領域） | ①　法令が積極的に空白にしている場合（例：姦通罪） | |
| --- | --- | --- |
| | ②　法令が無関心 | |
| B　既に法令が規制している事項<br>（規制領域） | ①　法令の執行を妨げるとき | |
| | ②　法令と別目的 | |
| | ③　法令と同一目的 | ア　最大限規制立法 |
| | | イ　最小限規制立法 |

　B③の法令と同一目的の条例については、徳島市公安条例事件（最判昭50・9・10）は、次のように判示しています。

　ア　**最大限規制立法**（法令が全国一律の均一的な規制をしているとき）→条例を制定できない。

イ　**最小限規制立法**（法令が最小限の規制で、自治体が地域の実情に応じて、別段の規制をすることができると解されるとき）
　→条例を制定できる。

　すなわち、A①法令が積極的に空白にしている場合、B①法令の執行を妨げるとき、B③ア**最大限規制立法**の場合には条例を制定できませんが、それ以外では、条例を制定できることになります。

## ポイント❸ 条例制定の範囲と長等の専属的権限との関係

　地方公共団体の長その他の執行機関の専属的権限に属する事項については、条例を制定することはできません。長の専属的権限に属するものとして、職員定数条例や事務部局設置条例などがあります。これらについては、長が規則を制定することになります。

**あわせて覚えよう！**　　法令の意味

　**法令**とは、法律と命令を合わせたものです。
① **法律**（国会が制定する法規範）
② **命令**（国の行政機関が制定する法規範）

# 条例と規則の効力・罰則

## Question

　地方自治法に規定する条例又は規則に定める罰則に関する記述として、妥当なのはどれか。

1　普通地方公共団体の長は、条例の規定による委任がある場合には、法律の規定による委任がなくても、普通地方公共団体の規則中に刑罰規定を設けることができる。

2　普通地方公共団体の長は、法律の規定により普通地方公共団体の規則に刑罰規定が委任されている場合であっても、当該規則に法に定める刑罰規定を設けず、過料を科する旨の規定を設けることができる。

3　普通地方公共団体の長は、法令に特別の定めがあるものを除くほか、普通地方公共団体の規則中に、規則に違反した者に対し、過料を科する旨の規定を設けることができる。

4　普通地方公共団体の条例には、科料又は没収の刑を科する旨の規定を設けることができるが、懲役又は拘留を科する旨の規定を設けることができない。

5　普通地方公共団体の条例には、禁錮と罰金とを併科する規定を設けることができるが、禁錮と過料を併科する規定を設けることができない。

# **A**nswer

　科料と過料の違いに気をつけてください。**科料**は、「トガリョウ」とも読み、行政刑罰の一種です。**過料**は、「アヤマチリョウ」とも読み、行政上の秩序義務違反に対して科される秩序罰で、行政刑罰ではありません。試験では、この違いを問う選択肢がよく出ますので、解説でしっかりと確認してください。

1　誤り。規則中に過料を科する旨の規定を設けることができますが（法15②）、過料は刑罰ではありません。条例の規定による委任がある場合であっても、規則中に刑罰規定を設けることはできません（行実昭25・7・31）。

2　誤り。規則中に過料を科する旨の規定を設けることができますが、「法令に特別の定めがあるものを除く」とあります（法15②）。したがって、法律の規定により普通地方公共団体の規則に刑罰規定が委任されている場合に、当該規則に法に定める刑罰規定を設けず、過料を科する旨の規定を設けることは、法15条2項に違反します（行実昭30・8・23）。

3　正しい（法15②）。

4　誤り。条例には、科料又は没収の刑のほか、懲役又は拘留を科する旨の規定を設けることができます。ほかにも、禁錮、罰金を科することができ、刑罰ではない秩序罰として過料を科する旨の規定を設けることができます（法14③）。

5　誤り。没収刑を除き、条例中に罰金と他の刑罰を併科する規定を設けることはできませんが、刑罰と秩序罰である過料を併科する規定を設けることは当然できます（行実昭26・4・14）。

**正解**　3

## ポイント❶ 条例・規則の施行と区域の効力

条例・規則がいつから施行になるか、そして、どの区域（住民）に効力があるのか、その点をまとめると次のようになります。

① 条例は、条例に特別の定めがあるものを除き、**公布の日から起算して10日を経過した日から施行されます**（法16③）。実務としては、ほとんどの場合、条例に施行日を定めます。規則についても同様です（同条⑤）。

② 条例・規則の効力は、当該地方公共団体の区域に限定されます。当該地方公共団体の住民でなくても、そこに来た滞在者・通過者にも効力が及びます。例外として、給与条例のように、区域外に勤務する職員に対しても適用される属人的効力がある条例もあります。

## ポイント❷ 条例と法令の矛盾は許されない

条例は、**法令に違反しない限り**において制定することができます（法14①）。条例は、国の法令とともに国法秩序の中にありますので、国の法令の内容と矛盾抵触することは許されません。このことを「**条例の形式的効力は、国の法令に劣る**」といいます。

## ポイント❸ 条例・規則で異なる罰則

条例に違反した者に対しては行政刑罰と過料、規則に違反した者に対しては過料を科すことができることを次頁②の表で確認してください。

行政刑罰と過料の違いは③の図で整理しましょう。

① 条例に違反した者に対し、法令に特別の定めがあるものを除き、罰則として、懲役、禁錮、罰金、拘留、科料、没収、過料を科する規定を設けることができます（法14③）。秩序罰としての

過料は地方公共団体の長が、それ以外の刑罰は裁判所が科します。

② 規則に違反した者に対し、法令に特別の定めがあるものを除き、過料を科する規定を設けることができます（法15②）。過料は行政刑罰ではなく、秩序罰です。地方公共団体の長が、科します。例外的に、法律の委任があれば規則で刑罰を科すことができます。

■条例、規則ごとの罰則範囲

|  | 罰則の範囲 | 科す主体 |
|---|---|---|
| 条例 | 行政刑罰（懲役、禁錮、罰金、拘留、科料、没収） | 裁判所 |
|  | 過料 | 地方公共団体の長 |
| 規則 | 過料 | 地方公共団体の長 |

③ **行政罰**とは、行政法上の義務違反行為に対して制裁として科せられる罰です。行政罰には、社会的法益を侵害する**行政刑罰**（刑法に定める刑罰を科するもので、刑法総則の適用があります）と行政上の秩序義務違反に対して科される**秩序罰**（刑罰ではないので、刑法総則の適用はありません）があります。

■行政刑罰と秩序罰（過料）の違い

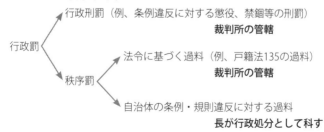

行政罰
├─ 行政刑罰（例、条例違反に対する懲役、禁錮等の刑罰）
│　　　　　　**裁判所の管轄**
└─ 秩序罰
　　├─ 法令に基づく過料（例、戸籍法135の過料）
　　│　　　　　**裁判所の管轄**
　　└─ 自治体の条例・規則違反に対する過料
　　　　　　　　**長が行政処分として科す**

頻出度
★★★

# Question

　地方自治法に規定する条例又は規則に関する記述として、妥当なのはどれか。

1 　すべての条例の提案権は、普通地方公共団体の長及び議会の議員・委員会の双方が有しており、どちらか一方に提案権が専属することはない。

2 　普通地方公共団体の委員会は、法律の定めるところにより、法令又は条例に違反しない限りにおいて、長が定める規則に制約されることなく、その権限に属する事務に関し、規則その他の規程を定めることができる。

3 　条例は、当該地方公共団体の住民に限らず、区域内のすべての人にその効力が及ぶが、規則は、当該地方公共団体の住民に対してのみ、その効力が及ぶ。

4 　普通地方公共団体の長は、議長から条例の送付を受けた場合で、再議その他の措置を講ずる必要がないときは、その日から20日以内にこれを公布しなければならない。

5 　普通地方公共団体の長が定める規則の公布手続は、法令又は条例に特別の定めがあるときを除き、条例の公布手続を準用する。

# Answer

規則は、「住民の権利義務」を軸に、次の２つに分類されます。

| ① **法規**（住民の権利義務に関するもの）の性質を有するもの | 例：義務を課す条例の施行規則 |
|---|---|
| ② **行政規則**（住民の権利義務に関せず、地方公共団体の内部的事項に関するもの）の性質を有するもの | 例：財務規則 |

1　誤り。条例の提案権は、普通地方公共団体の長及び議会の議員の双方が有していますが、どちらか一方に提案権が専属する場合もあります。例えば、市町村の議会事務局設置条例（法138②）の発案権は議員に専属します（行実昭53・3・22）。問19参照。

2　誤り。普通地方公共団体の委員会は、法律の定めるところにより、法令又は普通地方公共団体の条例**若しくは規則**に違反しない限りにおいて、その権限に属する事務に関し、規則その他の規程を定めることができます（法138の4②）。

3　誤り。規則も条例と同様、区域内すべての人に効力が及びます。

4　誤り。「長は、条例の送付を受けた場合は、その日から**20日以内に公布しなければならない。ただし、再議その他の措置を講じた場合は、この限りでない**」（法16②）。平成24年改正前は、問題文の規定でした。しかし、平成22年、名古屋市長が、「再議その他の措置を講ずる必要」があるとして、20日以内に公布しなかったことから、長期にわたり条例の効力が生じないことになるおそれがあるとして条文が改正されました。

5　正しい（法16⑤）。

**正解**　5

条例は、提出から施行まで次の5つの流れがあります。

① 条例案の提出

　条例案（議案）の提出権は、原則として長、議員にあります（法149(1)、112①）（問19　議案提出権、議案修正、表決参照）。

② 条例案の議決

　原則は出席議員の過半数で決定します（法116①）。出席議員の2/3以上が必要な場合は、地方公共団体の事務所の位置に関する条例（法4③）と再議の議決（法176③）の場合などです。

③ 条例の議決書の送付

　条例の制定又は改廃の議決があったとき、議会の議長は議決日から3日以内に議決書を長に送付しなければなりません（法16①）。

④ 条例の公布

　長は、条例の送付を受けた場合は、その日から20日以内に公布しなければなりません（法16②）。ただし、再議その他の措置を講じた場合には、公布しないことが可能です。

⑤ 条例の施行期日

　条例の施行期日は、通常は条例の附則で定められます。この定めがない場合には、公布の日から起算して10日を経過した日から施行されます（法16③）。

■条例の制定手続の流れ

| ①<br>条例案の<br>提出 | ②<br>条例案<br>の議決 | ③<br>長に議決<br>書送付 | ④<br>条例の<br>公布 | ⑤<br>条例の<br>施行 |
|---|---|---|---|---|
| | | 3日以内 | 20日以内 | 10日（条例に定めがない場合） |

## ポイント**2** 長・委員会・議会による規則の制定手続

規則は、①長、②行政委員会、③議会が制定するものがあります。

① 長は、法令に違反しない限りにおいて、その権限に属する事務に関し、規則を制定することができます（法15①）。規則も条例と同様、自主法の性質があります。条例が地方公共団体の事務に関して議会の議決により制定されるものであるのに対し、規則は長の権限に属する事務に関して議会の関与なしに長が制定するものです。

次の事項は、条例の専管事項ですので、規則では制定できません。

　ア　住民に義務を課し、権利を制限する事項（法14②）

　イ　公の施設の設置及び管理に関する事項（法244の2①）

② 行政委員会は、法令、条例、長の規則に違反しない限りにおいて、その権限に属する事務に関して、規則その他の規程を定めることができます（法138の4②）。

③ 議会は、会議規則を設けなければなりません（法120）。

## ポイント**3** 専管事項で異なる条例と規則の関係

自治法は、大統領制を採用し、議会と長はともに住民を直接代表する立場に立ちます。したがって、議会が定める条例と長が定める規則とは別個の独立した法規であり、原則として優劣はありません。条例、規則ともに専管事項があります（条例については法4等、規則については法152③等）。ただ、公害防止条例施行規則のように、条例の委任を受けて定める規則が圧倒的に多いのが実情です。

# 9 直接参政制度

## Question

　地方自治法に規定する直接請求に関する記述として、妥当なのはどれか。

1　普通地方公共団体の条例の制定又は改廃の請求は、請求代表者から当該普通地方公共団体の長に対して行われ、この場合、使用料の徴収に関する条例は請求の対象になるが、地方税の賦課徴収に関する条例は請求の対象にならない。

2　普通地方公共団体の議会が、条例の制定又は改廃の請求に基づく当該地方公共団体の長から付議された事件の審議を行うに当たっては、長は当該事件に関して意見を付けることができるが、請求の代表者は意見を述べる機会が与えられていない。

3　普通地方公共団体の選挙管理委員の解職請求は、請求代表者から当該普通地方公共団体の議会に対して行われ、議会の議員の3分の2以上の者が出席し、その4分の3以上の者の同意があったときは、選挙管理委員はその職を失う。

4　普通地方公共団体の議会の議員の解職請求は、請求代表者から議会に対して行われ、議会の解職の議決において、過半数の同意があったときは、議員はその職を失う。

5　普通地方公共団体の監査委員の解職請求は、請求代表者から当該普通地方公共団体の長に対して行われるが、監査委員の就職の日から6ヵ月間は、解職請求をすることができない。

# **A**nswer

　憲法は、地方公共団体に議会（議員）と長を置き、両者をともに住民が直接選挙することとして、原則として、間接民主制の方式を採用しています（憲法93）。しかし、間接民主制では、住民は選挙の際にのみ主権者であるにすぎないという問題があります。

　そこで自治法は、住民が直接に地方行政に参加する仕組みを取り入れています。直接参政制度として、①直接請求、②住民監査請求、③住民訴訟を採用しています。

1　誤り。地方税の賦課徴収並びに分担金、使用料及び手数料の徴収に関する条例についての直接請求は、これを認めると、負担が軽くなるからということで署名が集まりやすく、濫発されるおそれがあるという理由で認めていません（法74①）。

2　誤り。長は、意見を付けて議会に付議します（法74③）。議会は、請求の代表者に意見を述べる機会を与えなければなりません（同条④）。

3　誤り。普通地方公共団体の選挙管理委員の解職請求は、請求代表者から**当該普通地方公共団体の長**に対して行われ、**議会に付議して**（法86①、③）、議会の議員の2/3以上の者が出席し、その3/4以上の者の同意があったときは、選挙管理委員はその職を失います（法87）。

4　誤り。普通地方公共団体の議会の議員の解職請求は、請求代表者から**当該普通地方公共団体の選挙管理委員会**に対して行われ、**当該選挙区の選挙人の投票**において（法80①、③）、過半数の同意があったときは、議員はその職を失います（法83）。

5　正しい（法88②）。

**正解　5**

# 重要ポイント

## ポイント① 直接請求の種類と手続きは4つ

　直接請求は種類により、必要署名数、請求先、請求後の措置等が異なりますので、次表のように整理して覚えてください。

**■直接請求の種類**

| 種類 | 必要署名数 | 請求先 | 請求後の措置等 |
|---|---|---|---|
| 条例の制定改廃<br>（法74） | 選挙権を有する者の総数の1/50以上 | 地方公共団体の長 | 長は議会を招集（20日以内）→意見を付けて付議<br>・地方税の賦課徴収、分担金・使用料等の条例は対象外<br>・請求代表者に意見陳述の機会付与 |
| 事務監査<br>（法75） | 同上 | 監査委員 | 監査実施→結果を報告、公表 |
| 議会の解散<br>議員の解職<br>長の解職<br>（法76〜85） | 選挙権を有する者の総数の1/3以上*1 | 選挙管理委員会 | 選挙人の投票→過半数の同意→議会は解散、議員・長は失職 |
| 主要公務員の解職*2<br>（法86、87） | 同上 | 地方公共団体の長 | 長は議会に付議→議員の2/3以上が出席し、その3/4以上の同意→失職 |

＊1　総数が40万超80万以下の部分は1/6、80万超の部分は1/8を合算して得た数になります（法76①、80①、81①、86①）。

＊2　主要公務員とは、「副知事（副市町村長）、指定都市の総合区長、選挙管理委員、監査委員、公安委員会の委員」をいいます（法86①）。

　事務監査請求については、問42　住民監査請求、事務監査請求を参照してください。事務監査請求と住民監査請求との違いを表にしています。

## ポイント2 請求期間の制限がある場合は2つ

　直接請求のうち、リコールとなる次表の場合には、請求期間に制限があります。

　議員の解職の請求期間に制限がある理由は、解職請求により選挙の結果を覆すことになりますので、その濫用によって議員の地位を不安定にしないようにするためです。

■解職請求の制限期間

| 議会の解散（法79）<br>議員の解職（法84）<br>長の解職（法84） | 議員の一般選挙又は就職の日から1年間は請求できない。 |
|---|---|
| 主要公務員の解職（法88） | 就職の日から副知事・副市町村長・指定都市の総合区長は1年間、選挙管理委員・監査委員・公安委員会の委員は6ヵ月間、請求できない。 |

## ポイント3 議員・長の解職請求と主要公務員の解職請求の違い

　公務員の選定罷免を国民固有の権利とする憲法15条1項に基づき、議員・長等の罷免を認めるリコールの制度を認めたのが、直接請求としての解職請求制度です。

　議員・長の解職請求と主要公務員（副知事、監査委員など）の解職請求の違いは、前者が選挙人の投票によって選ばれる点にあります。したがって、議員・長の解職請求は、選挙管理委員会に対して行い、選挙人の投票に付します。

　主要公務員については、選挙人の投票によらずに選任されているため、直接請求の相手方は長になっています。

## Question

　地方自治法に規定する普通地方公共団体の議会及び議員定数に関する記述として、妥当なのはどれか。

1　普通地方公共団体に最高機関として議会を置くべきことは、憲法が直接定めるところであり、議会に代えて町村総会を置くことはできない。

2　普通地方公共団体の議会は、審議の徹底を図り、能率的な議事の運営を期するため、常任委員会を設置しなければならない。

3　普通地方公共団体の議会は、議会の庶務事務を処理し、議会の自主的な活動を確保するため、議会事務局を設置しなければならない。

4　都道府県の議員定数は、条例で定めるが、申請に基づく都道府県合併の場合を除き、一般選挙の場合でなければ、定数の変更を行うことができない。

5　市町村の議員定数は、条例で定めるが、廃置分合又は境界変更により著しく人口の増減があった場合は、一般選挙の場合に限り、定数を増減することができる。

# **A**nswer

　普通地方公共団体の議会は、国会とは違うことを確認してください。普通地方公共団体の議会はあくまで議事機関であり（法89①）、議会と執行機関は対等・独立で相互の均衡の下に、それぞれの役割を果たす構造になっています。

　なお、議員定数は、平成23年の法改正までは法定上限があったものが、現在は条例で自由に定めることになったことを確認しましょう。

1　誤り。普通地方公共団体の議会は、国会とは違い、最高機関ではなく、**議事機関**として設置することとされています（法89①）。ただし、町村は、条例で議会を置かず、選挙権を有する者の総会を設けることができます（**町村総会**）（法94）。この場合には、選ばれた代表で構成する議会による間接民主制を採用する理由が当てはまらず、町村民主体の総会による直接民主制でよいと考えられるからです。

2　誤り。議会は、条例で議会の内部機関としての委員会を設けることができます（法109①）。委員会は必置ではなく、任意です。

3　誤り。議会事務局は、都道府県においては必置ですが、市町村においては任意です（法138①、②）。

4　正しい（法90①～③）。

5　誤り。市町村の議員定数は、廃置分合又は境界変更により著しく人口の増減があった場合は、議員の任期中においても、議員定数を増減することができます（法91③）。

**正解**　4

### ポイント**1** 国会とは異なる議会の組織

　普通地方公共団体の議会は国会の位置付けとは異なり、最高機関ではなく議事機関であり、唯一の立法機関ではありません。

① 議会は必置（例外は**町村総会**）

　普通地方公共団体には、議会を置かなければなりません（法89①）。議会という間接民主制を選択している理由は、次のとおりです。

ア 物理的、技術的に直接民主制を採用することが困難であること

イ 高度に専門化した現代社会にあっては、それぞれの分野の専門家に委ねた方が適当であること

　ただし町村は、条例で、議会を置かず、選挙権を有する者の総会を設けることができます（**町村総会**）（法94）。

② 議会は長と対等で最高機関ではない

　普通地方公共団体の議会は、国会とは違い、最高機関ではありません。普通地方公共団体においては、議会の議員と長がともに住民の直接選挙によって選ばれ、ともに住民の代表機関となる首長主義（大統領制）を採用しています（憲法93）。議会と長は対等の関係にあり、それぞれの権限を自らの責任において行使することになります。

③ 議会は唯一の立法機関ではない

　普通地方公共団体の議会は、国会とは違い、唯一の立法機関ではありません。議会は条例を制定する権限を有していますが（法96①(1)）、長も自主法たる規則を制定する権限を有しています（法15①）。また、議会は執行機関たる長の管理執行につき検閲・検査を行うなど（法89②、98等）、多くの行政的機能を有しています。すなわち、議会は単なる立法機関ではなく、「**議事機関**」と

して位置付けられます（法89①）。

④ 議会事務局は必置ではない（法138）

議会事務局は、都道府県と市町村で設置義務が異なります。

　ア　**都道府県 →　必置**

　イ　**市町村 →　条例により設置可能**

議会事務局を置く場合には、事務局長、書記、その他の職員を置きます。これらは議長が任免します。

## ポイント❷ 議員定数は条例で定める

議員定数は、現在は条例で自由に定めることになりました。かつては、人口規模に応じた法定上限数を条例で定めることになっていましたが、普通地方公共団体の自主性を高めるという観点から、平成23年に法定上限数を撤廃しました。

① 議員定数は、**条例**で定めます（法90①、91①）（例外なし）。

② 議員定数の変更については、

【原則】**一般選挙**の場合に限ります（法90②、91②）。

【例外】次の場合は、議員の任期中においても、議員定数を増減することができます。

　ア　申請に基づく都道府県合併により著しく人口の増減があった場合（法90③）

　イ　市町村の廃置分合・境界変更により著しく人口の増減があった場合（法91③）

なお、「**一般選挙**」とは、議員の全部についての選挙をいいます。議員の任期満了、議会の解散、議員の総辞職による選挙等です。

## Question

　地方自治法に規定する普通地方公共団体の議会の議員に関する記述として、妥当なのはどれか。

1. 普通地方公共団体の議会の議員は、辞職する場合には議会の許可を得なければならないので、議会の閉会中は辞職することはできない。

2. 普通地方公共団体の議会の議員は、議会の議決すべき事件につき、予算を含むすべての議案を議会に提出することができる。

3. 普通地方公共団体の議会の議員は、父母、祖父母若しくは兄弟姉妹の一身上に関する事件又はこれらの者の従事する業務に直接の利害関係にある事件について、議会の同意があったときは、その議決に加わることができる。

4. 普通地方公共団体の議会の議員は、条例で議会に常任委員会が置かれている場合には常任委員となり、条例に特別の定めがある場合を除き、議員の任期中在任する。

5. 普通地方公共団体の議会は、議員の被選挙権の有無に関して決定権を有し、出席議員の3分の2以上の多数により決定する。

# **A**nswer

　国会議員、一般職、首長等との比較で議員の特徴が把握できます。例えば、普通地方公共団体の議会の議員は、国会議員に認められている不逮捕特権、免責特権が認められていません。この点はよく問われるので注意しましょう。また、一般職との比較では、地方公務員法が適用されず、給与ではなく報酬を条例で定めることとなっています。

1　誤り。議員は、辞職する場合には議会の許可を得なければなりませんが、議会の閉会中は議長の許可を得て辞職することができます（法126但書）。

2　誤り。議員は、議案を提出することができますが、予算案については提出できません（法112①但書）。

3　誤り。除斥された議員は、議会の同意があったときには、会議に出席し、発言することができますが、議決に加わることはできません（法117）。

4　誤り。平成18年法改正前は、委員会の数や設問のような委員会の所属についての制限がありましたが、自主性を高めるために、制限は撤廃され、委員会条例で定めることになりました（法109⑨）。

5　正しい。公職選挙法11条（選挙権及び被選挙権を有しない者）等の規定により、当然に被選挙権を有しない場合以外のとき、例えば、議員が住所を移したため被選挙権を失うかについては、議会が出席議員の2/3以上の多数により被選挙権の有無を決定します（法127①）。

**正解** 　5

### ポイント❶ 議員の任期等

議員の任期は4年です（法93①）。議員は、非常勤・特別職の公務員であり、職務専念義務や政治的行為制限等の地方公務員法の適用はありません（地公法3③(1)、4②）。

### ポイント❷ 議員の活動

議員は、本会議や委員会に出席して質問し、議案調査や視察等を行いますが、議員の活動については、議案提出等を除き、条文では明確には示されていません。ただし、「できないこと」としては除斥の制度が定められています。

① 除斥

議員は、自己、配偶者、二親等内の血族の一身上の事件や利害関係のある事件については、その議事に参与することができません（除斥といいます。法117本文）。ただし、議会の同意があれば、会議に出席し、発言することができます（同条但書）。

② 不逮捕特権・免責特権

議員は、国会議員に認められている次の権利はありません。

| 不逮捕特権 | 法律の定める場合を除いては、国会の会期中逮捕されず、会期前に逮捕された議員は、その議院の要求があれば釈放しなければならない（憲法50）。 |
|---|---|
| 免責特権 | 議院で行った演説、討論又は表決について、院外で責任を問われない（憲法51）。 |

### ポイント❸ 議員報酬等

議員は、条例の定めるところにより、報酬、費用弁償及び期末手当を受けることができます（法203）。

## ポイント④ 議員の辞職は議会の許可が必要

議員は、辞職する場合には**議会の許可**（議会の**閉会中は議長の許可**）を得て辞職することができます（法126）。許可を得ない限り、絶対に辞職し得ない（行実昭22・10・6）のです。

## ポイント⑤ 議員の身分の喪失とその事由

議員が身分を失う主な事由は、次のとおりです。

① 直接請求による議会の解散（法78）

② 直接請求による議員の解職（法83）

③ 任期満了（法93）

④ 辞職（法126）

⑤ 被選挙権を有しない者であるとき（法127①）

⑥ 兼業禁止の規定に該当するとき（法92の2、127①）（問13参照）

⑦ 選挙の無効又は当選無効の確定（法128）

⑧ 議会による除名（法135）

⑤被選挙権の有無、⑥兼業禁止の規定に該当するかどうかは、議会が出席議員の2/3以上の多数により決定します（法127①）。

しかし、次の被選挙権欠格条項に該当する場合は、判決等で客観的に認定されます（法127①）。

ア　公職選挙法11条、11条の2（被選挙権を有しない者）

イ　公職選挙法252条（選挙犯罪による処刑者に対する被選挙権の停止）

ウ　政治資金規正法28条

## Question

　地方自治法に規定する普通地方公共団体の議会の議長又は副議長に関する記述として、妥当なのはどれか。

1　普通地方公共団体の議会の議長の選挙事由は、議長が欠けてはじめて生ずるものであって、欠員が生じない以前に行われた議長の選挙は、選挙事由のないものとして違法である。

2　普通地方公共団体の議会の議長及び副議長にともに事故があるときは、仮議長を選挙し、議長の職務を行わせることとされており、議会は、仮議長の選任を議長に委任することはできない。

3　普通地方公共団体の議会の議長及び副議長がともに欠けたときは、議場に出席している議員中の年長の議員が臨時議長となり議長を選挙するが、当該年長の議員は、臨時議長の職務を拒むことができる。

4　普通地方公共団体の議会により不信任議決を受けた議長又は副議長は、当該不信任議決によって当然にその職を失うものであり、当該不信任議決に対して訴訟を提起することができる。

5　普通地方公共団体の議会の議長及び副議長は、議会の開会中においては、議会の許可を得て辞職することはできるが、議会の閉会中においては辞職することはできない。

# **A**nswer

　議長、副議長がきちんと自分の職責を全うすることが原則です。しかし、事故又は欠けたという状態が、決してないわけではありません。法ではこの非常事態における措置が明確に規定されています。

　この事故があるとき又は欠けたときの措置はよく出る問題ですので、55頁の解説の表で整理して覚えましょう。

1　正しい。議会は、議員の中から議長及び副議長１人を選挙しなければなりません（法103①）。選挙事由については、設問のとおりです（行実昭33・8・23）。

2　誤り。議会は、仮議長の選任を議長に委任することができます（法106③）。

3　誤り。前段は正しいですが、議場に出席している年長の議員は、臨時議長の職務を拒むことはできません（行実昭36・6・9、法107）。

4　誤り。自治法中には、議長又は副議長に対する不信任議決に対して法律上の効果を付与した規定がありませんので、不信任議決によりその職を失うわけではありません。また、不信任議決に対する訴訟はできません（行実昭23・8・7、法108）。

5　誤り。前段は正しいですが（法108本文）、副議長は、議会の閉会中も議長の許可を得て辞職できます（同条但書）。

**正解**　1

# 12 重要ポイント

### ポイント❶ 議長・副議長の選挙と任期

議会は、議員の中から議長及び副議長１人を選挙しなければなりません（法103①）。

議長及び副議長の任期は、議員の任期によりますので（法103②）、４年です（法93①）。しかし、議会の内部で、１年とか２年の持ち回りで現議長が辞任し、新議長を決めることが多いのが現実です。

### ポイント❷ 議長の権限

議長は、次の権限があります（法104）。
①　議場の秩序保持（法129の議場退去など）
②　議事の整理
③　議会の事務統理
④　議会の代表
⑤　会議の傍聴規則の制定（法130③）
⑥　訴訟の代表（法105の２）

### ポイント❸ 事故があるとき・欠けたときの議長の代理

「事故があるとき」とは、例えば、在職はしているが、海外旅行で長期間不在のとき、長期間病気のため入院したときのように職務ができない場合などです（行実昭39・9・18）。

「欠けたとき」とは、死亡、辞職、失職などにより欠員になったときです。

このように議長、副議長に事故があるとき又は欠けたときの措置は次表のとおりとなります（法106、107）。なお、議会は、仮議長の選任を議長に委任することができます（法106③）。

| 議長 | 副議長 | 措置 |
|---|---|---|
| 事故 | 事故 | 年長議員が臨時議長→仮議長を選挙、代行させる（法106②） |
| 欠 | 欠 | 年長議員が臨時議長→ともに選挙する（行実昭28・11・9） |
| 事故 | ——— | 副議長が代行する（法106①） |
| 欠 | ——— | 副議長が代行する（法106①） |
| —— | 事故 | そのまま |
| —— | 欠 | 副議長を選挙する |

## ポイント❹ 議事における議長の採決権

　通常、議長は表決には入らず、あくまで進行に徹するのがつとめです。しかし、その例外として、特別議決の場合は議長が表決することが認められます。

| 通常議決（出席議員の過半数で決する）の場合（原則）（法116） | 可否同数のときは、議長が決する（議長に**採決権**あり）。**表決権**はないので、出席議員数に議長は含めない。 |
|---|---|
| 特別議決の場合（例外）（行実昭26・5・2） | 可否同数はあり得ないので、議長は出席議員数に含め、**表決権**あり。 |

## ポイント❺ 議長、副議長の辞職は許可が必要

　議長、副議長は他の議員と違い、勝手に辞職することはできません。辞職する場合は自治法で手続きが決められています（法108）。
①　議長・副議長は、**議会の許可**を得て辞職できます。
②　副議長は、議会の閉会中は、**議長の許可**を得て辞職できます。

## Question

地方自治法に規定する普通地方公共団体の議会の議員の兼職又は兼業に関する記述として、妥当なのはどれか。

1 普通地方公共団体の議会の議員は、一定の期間を限り臨時的に雇用され、その期間中常時勤務している地方公共団体の職員と兼ねることができる。

2 普通地方公共団体の議会の議員は、他の地方公共団体の議会の議員と兼ねることができないが、当該地方公共団体が組織する一部事務組合又は広域連合の議会の議員と兼ねることができる。

3 普通地方公共団体の議会の議員は、隔日勤務の地方公共団体の職員であれば、その職務内容の性質から他の常勤の職員と同一のものとして扱われる場合であっても、兼ねることができる。

4 普通地方公共団体の議会の議員は、当該普通地方公共団体に対し請負をする者及びその支配人となることができないが、主として同一の行為をする法人の無限責任社員となることはできる。

5 普通地方公共団体の議会の議員は、当該普通地方公共団体の選挙管理委員と兼ねることができる。

# **A**nswer

　普通地方公共団体の議員は、住民の直接選挙によって選ばれる非常勤の特別職公務員です（地公法 3 ③(1)）。議員は、常勤ではなく他の職業に就いている者も多いですが、議員としての職務の性質に基づいて、次のことが制限されています。

① 兼職禁止→一定の公職と兼ねることの禁止

② 兼業禁止（請負禁止ともいう）→一定の営利企業の経営又は従事の制限

　議員が兼職を禁止される理由は、次のとおりです。

① 議員としての職務を十分に果たさせるため

② 議決機関と執行機関を分離させるため

　兼職兼業の禁止がある特別職をまとめて覚えると効率的です。

1　誤り。一定の期間を限り臨時的に雇用され、その期間中常時勤務している地方公共団体の職員は、「常勤の職員」に該当します（行実昭26・8・15）。議員は、常勤の職員と兼ねることはできません（法92②）。

2　正しい。前段については法92条 2 項、後段については法287条 2 項、291条の 4 第 4 項のとおりです。

3　誤り。隔日勤務の地方公共団体の職員は、その職務内容の性質から他の常勤の職員の勤務と同一のものとして扱われるものについては、「常勤の職員」に該当します（行実昭26・8・15）。議員は、常勤の職員と兼ねることはできません（法92②）。

4　誤り。議員は、主として同一の行為をする法人の無限責任社員となることはできません（法92の 2 ）。

5　誤り。議員は、当該普通地方公共団体の選挙管理委員と兼ねることはできません（法182⑦）。

**正解**　2

重要ポイント

### ポイント❶ 兼職禁止がある特別職

議員の兼職禁止と併せて、他の特別職の兼職禁止も覚えましょう（法92等）。表中×が兼職禁止となる職です。

| 兼職となる職／特別職の種類 | 国会議員（衆議院議員、参議院議員） | 地方公共団体の議会の議員 | 常勤の職員、短時間勤務職員＊ | 検察官、警察官、収税官吏、公安委員会の委員 |
| --- | --- | --- | --- | --- |
| 議員（法92）長（法141） | × | × | × | |
| 副知事・副市町村長（法166①、②） | × | × | × | × |
| 選挙管理委員会の委員（法182⑦、193） | × | ×（長との兼職も×） | ○ | × |
| 監査委員（法196③、201） | × | ○ | × | × |

＊ 常勤であれば一般職、特別職を問いません。常勤の臨時的任用職員、隔日勤務職員を含みます。

表でわかるとおり、議員は、長、副知事・副市町村長、選挙管理委員会の委員にはなることはできませんが、監査委員にはなることができます。なお、清掃一部事務組合などの一部事務組合（広域連合）の議会の議員、管理者（長）、その他の職員は、当該一部事務組合の構成団体の議会の議員、長、その他の職員と兼ねることができます（法287②、291の4④）。

### ポイント❷ 議員に課せられた兼業禁止の行為

議員の兼業禁止は、不祥事件を未然に防止し、地方公共団体の事務の客観的な公平さを担保するための規定です（法92の2）。

| 兼業禁止の行為 | 備考 |
|---|---|
| 当該普通地方公共団体に対する直接の個人**請負**（請負する者には、その支配人を含む。） | 政令で定める額の範囲内では個人請負は可能（令和5・3・1施行） |
| 当該普通地方公共団体に対し主として請負をする法人\*の**役員**就任 | **役員**とは、無限責任社員、取締役、執行役、監査役、支配人、清算人を指す。 |

\* 当該普通地方公共団体に対する請負が、当該法人の業務の主要部分を占め、当該請負の重要度が長の職務執行の公正、適正を損なうおそれが類型的に高いと認められるに至っている場合の法人です（最判昭62・10・20）。

　なお、下請負は、兼業禁止に当たりません。兼業禁止に該当するか否かは、議会が決定します（法127）。兼業禁止に当たる場合でも、契約の効力には影響せず、有効です。

### ポイント❸ 兼業禁止がある特別職と決定機関

　他の特別職の兼業禁止も覚えましょう。表の特別職が兼業禁止に該当するかは、決定機関が判定します。

| 特別職 | 決定機関 |
|---|---|
| 議員（法92の2） | 議会（法127①） |
| 長（法142） | 選挙管理委員会（法143①） |
| 副知事・副市町村長（法166②で法142を準用） | 長（法166③） |
| 選挙管理委員会の委員（法180の5⑥） | 選挙管理委員会（法184①） |
| 教育委員会の教育長・委員（法180の5⑥） | 長（法180の5⑦） |
| 監査委員（法180の5⑥） | 長（法180の5⑦） |

（注1）　兼業禁止の業務は、ポイント❷と原則として同じです。ただし、議員以外は、当該普通地方公共団体が出資している法人で政令で定めるものの法人の役員にはなれます。

（注2）　委員会の委員については、「職務に関し」という限定がありますので、その職務に関するものでなければ、兼業可能です。

## Question

　地方自治法に規定する普通地方公共団体の議会の議決事件に関する記述として、妥当なのはどれか。

1　普通地方公共団体は、条例で議会の議決すべき事件を定めることができるが、法定受託事務に係る事件については、いかなる場合であっても条例で議会の議決すべき事件と定めることができない。

2　負担付きの寄附を受ける場合において、普通地方公共団体は、当該普通地方公共団体の議会の議決を経なければならず、その負担には、当該寄附物件の維持管理が含まれる。

3　普通地方公共団体の区域内の公共的団体等の活動の総合調整に関することは、当該普通地方公共団体の長の権限に属する事項であるので、議会の議決事件ではない。

4　普通地方公共団体の財産を適正な対価なくして譲渡する場合は、当該普通地方公共団体の議会の議決を得る必要があるが、適正な対価なくして貸し付ける場合は、議会の議決を得る必要は一切ない。

5　法律上普通地方公共団体の義務に属する損害賠償の額を定めることは、当該普通地方公共団体の議会の議決事件であるが、判決により確定した損害賠償の額については、さらに議会の議決を得る必要はない。

# **A**nswer

　議決事件は、15項目あります。いずれも重要であり、個々例外がありますので、セットで覚えるようにしましょう。

　仮に、議決を要する事項について議会の議決を経ずに長が事務執行をした場合、その行為は無効となります。すなわち、取り消すまでもなく効力を生じません。例えば、村長が議会の議決を経ないでした手形振出し行為は無効です（最判昭35・7・1）。

　15項目の事件でありながら「議会の議決を経ずに…できる」といった選択肢があれば、それは論外の設問です。

1　誤り。法定受託事務に係る事件についても、国の安全に関することその他の事由により、議会の議決すべきものとすることが適当でないものとして政令で定めるものを除き、議会の議決事件にすることができます（法96②）。

2　誤り。「負担」とは、寄附又は贈与の契約に付された条件そのものに基づいて、地方公共団体が法的な義務を負い、その義務不履行の場合には、その寄附又は贈与の効果に何らかの影響を与えるようなものをいいます（行実昭25・5・31）。したがって、「負担」には、寄附物件の維持管理は含みません（行実昭25・6・8）。

3　誤り。公共的団体等の活動の総合調整に関することは、当該普通地方公共団体の長の権限に属する事項ですが（法157①）、議決事件となります（法96①⑭）。

4　誤り。条例で定める場合を除くほか、適正な対価なくしてこれを譲渡し又は貸し付けることは、議決事件になります（法96①⑥）。

5　正しい（法96①⑬、行実昭36・11・27）。

**正解** 5

### ポイント**❶** 自治法で示された15の議決事件のすべて

議会は、次の15の事件を議決しなければなりません（法89①、96①）。自治法では、以下のように**制限列挙主義**がとられています。しかし、議決事項を条例により追加することは法定受託事務の一部を除き、認めています（法96②）。

① 条例の制定・改廃

② 予算の決定（予算の**発案権は長に専属**する。長の発案権の侵害となる増額修正は不可）

③ 決算の認定（認定されなくても決算の効力に影響なし〔行実昭31・2・1〕）

④ 地方税の賦課徴収等（法令で定めるものを除く）

⑤ 条例で定める契約の締結（政令で定める基準に従う）

⑥ 財産の交換、出資目的・支払手段としての使用又は適正な対価なき財産の譲渡、貸付

⑦ 不動産の信託

⑧ 条例で定める財産の取得、処分

⑨ 負担付きの寄附・贈与を受けること

⑩ 権利の放棄（法令又は条例に特別の定めがある場合を除く）

⑪ 条例で定める重要な公の施設につき、条例で定める長期かつ独占的な利用をさせること

⑫ 普通地方公共団体が当事者である不服申立て、訴えの提起、和解、あっせん、調停、仲裁（被告となって**応訴する場合**は、議決不要）

⑬ 損害賠償の額の決定

⑭ 区域内の公共的団体等の活動の総合調整

⑮ その他法令（これらに基づく条例を含む）により議会の権限に属する事項（例：都道府県の廃置分合における協議〔法6④〕）

### ポイント❷ 議会による意見表明権の発案権と提出先

　普通地方公共団体の議会は、当該普通地方公共団体の**公益に関する事件**につき、意見書を**国会又は関係行政庁**に提出することができます（法99）。当該普通地方公共団体の事務に属さない事務であっても可能です。

　したがって、裁判所へは、行政庁ではありませんから意見書を提出できません。

　議案の発案権は、議会の意思ですから、議員にあります。受理した官公署は、受理し、誠実に処理する必要がありますが、法的に拘束されるわけではありません（請願法5）。

### ポイント❸ まとめて覚えよう　必要議員数のすべて

　次表のように、臨時会招集請求等で「○分の○以上必要」というような場合には、議員定数が基準になります。議事の表決（問19議案提出権、議案修正、表決参照）の場合とは異なることに注意してください。

| 議事 | 請求等のための必要数 |
|---|---|
| 臨時会招集請求（法101） | 議員定数の1/4以上 |
| 議案の提出（法112）<br>修正の動議（法115の3） | 議員定数の1/12以上 |
| 会議の定足数（法113）<br>その日の会議の開会請求（法114） | 議員定数の半数以上 |
| 秘密会の発議（法115①） | 議長又は議員3人以上 |
| 懲罰の動議（法135②） | 議員定数の1/8以上 |
| 侮辱を受けた議員が行う懲罰処分請求（法133） | 侮辱を受けた議員1人で可能<br>（行実昭31・9・28） |

# 検査権・監査請求権

## Question

　地方自治法に規定する普通地方公共団体の議会の検査又は監査の請求に関する記述として、妥当なのはどれか。

1　普通地方公共団体の議会は、当該普通地方公共団体の法定受託事務のうち、国の安全を害するおそれがあることその他の事由により議会の検査の対象とすることが適当でないものとして政令で定めるものを除いて、当該事務の管理を検査することができる。

2　普通地方公共団体の議会は、当該普通地方公共団体の自治事務のうち、労働委員会、収用委員会及び公安委員会の権限に属する事務の管理を検査することができない。

3　普通地方公共団体の議会は、当該普通地方公共団体の事務に関する書類及び計算書を閲覧し、報告を請求して、議決の執行を検査することができるが、出納を検査することはできない。

4　普通地方公共団体の議会は、書類及び計算書を閲覧し又は当該普通地方公共団体の長その他執行機関から報告を徴して検査を行い、必要があるときには、実地について事務を検査することができる。

5　普通地方公共団体の議会は、監査委員に対し、当該普通地方公共団体の自治事務に関する監査を求め、監査の結果に関する報告を請求することができるが、法定受託事務に関する監査を求め、監査の結果に関する報告を請求することはできない。

# **A**nswer

　議会は、執行機関の行政執行について監視し、牽制関係を築くために様々な権能を有していますが、検査権・監査請求権・調査権が代表的なものです。

　①検査権に2つの方法があること、②検査権・監査請求権・調査権の対象は、基本的に当該普通地方公共団体の事務のすべてに及ぶものの、例外があること、③検査権・監査請求権は議会の議決を必要とすること、④100条調査とは罰則の有無、関係人の出頭の可否の点で違うこと、などが設問で問われるポイントです。それぞれ解説にまとめてあります。

1　正しい（法98①）。

2　誤り。自治事務にあっては、労働委員会及び収用委員会の権限に属する事務で**政令で定めるもの**については、検査することができません（法98①）。

3　誤り。議会は、当該普通地方公共団体の事務に関する書類及び計算書を**検閲**し、報告を請求して、議決の執行及び**出納を検査**することができます（法98①）。

4　誤り。議会は、実地について事務を検査することは許されず、そのような必要があるときには、法98条2項の規定により監査委員に対して監査を求めるべきものです（行実昭28・4・1）。

5　誤り。法定受託事務のうち、国の安全を害するおそれがあることその他の事由により監査の対象とすることが適当でないものとして政令で定めるものを除いて、監査を求めることができます（法98②）。

**正解　1**

# 15　重要ポイント

### ポイント❶　議会の検査権の内容と方法

　議会の**検査権**は、当該普通地方公共団体の事務の管理、議決の執行、出納を検査する権限です（法98①）。これは、議会の執行機関に対する牽制の１手段であり、執行機関の事務処理の適正を期するためのものです。

　検査の方法には、次の２つがあり、議会が自ら行使します。

① 　事務に関する**書類及び計算書の検閲**

② 　長その他の執行機関の**報告の請求**

　また、**監査請求権**は、監査委員に対し、監査を求め、監査の結果の報告を請求することができる権限です（法98②）。

### ポイント❷　検査権・監査請求権・調査権の対象は共通

　検査権・監査請求権・調査権は、原則として当該普通地方公共団体の事務のすべてに及びますが、例外は次表のとおりです（法98①、100①）。

■検査権・監査請求権・調査権の及ばない事務の範囲

| 自治事務 | **労働委員会・収用委員会の事務**で政令で定める事務 |
|---|---|
| 法定受託事務 | **国の安全を害するおそれがある**ことその他の事由により政令で定める事務 |

(注)　監査委員も、これらの事務については、権限の範囲外となります（法199②）。

### ポイント❸　検査権・監査請求権は議会の議決を経て行使

　検査権・監査請求権は、議員個人に認められたものではなく、議会の権限ですから、議会の議決を経て行使します。議員全員による請求の場合もありますが、議決により常任委員会又は特別委員会に委任して行わせることができます（行実昭24・4・11）。

　なお、議会の議決があれば、閉会中も検査できます（法109⑧）。

　検査権は、書面審査を限度とし、議会による**実地検査はできません**。実地に検査する必要がある場合は、法98条2項により、監査委員に行わせることになります。

　この検査権は、法100条の調査権と異なり、関係人の出頭を求めることはできません。また、検査権の実効性を担保するための罰則の規定はありません。

# Question

　地方自治法100条に規定する普通地方公共団体の議会の調査権及び請願に関する記述として、妥当なのはどれか。

1　普通地方公共団体の長は、当該普通地方公共団体の議会から調査のために要する経費に充てるための補正予算案の提出を求められた場合、当該補正予算案を当該普通地方公共団体の議会に提出する法律上の義務を負う。

2　普通地方公共団体は、条例の定めるところにより、その議会の議員の調査研究その他の活動に資するため必要な経費の一部として、その議会における会派又は議員に対し、政務活動費を交付することができる。

3　普通地方公共団体の議会は、当該普通地方公共団体の事務に関する調査を行うに当たって、実地調査を行う場合には、当該普通地方公共団体の監査委員に行わせなければならない。

4　普通地方公共団体の議会の特別委員会が、その付託された当該普通地方公共団体の事務に関する調査につき、選挙人その他の関係人の出頭、証言又は記録の提出を請求するには、議案付託の議決に際して、これらの権限を委任する旨の議決を経る必要はない。

5　普通地方公共団体の議会の議長は、法定の形式を具備している場合であっても、明らかに当該普通地方公共団体の事務に関する事項でないと認められる請願は、受理を拒むことができる。

# **A**nswer

　自治法100条に規定する調査権は、「100条調査権」と呼ばれ、新聞等でも話題となり、よく出題される問題です。また、請願については、「何人も」することができるのがポイントです。

1　誤り。議会は、調査を行う場合には、あらかじめ、予算の定額の範囲内において、当該調査のため要する経費の額を定める必要があります（法100⑪）。しかし、議会から当該調査のために要する経費に充てるための補正予算案の提出を求められた場合でも、当該補正予算案を提出する法律上の義務はありません（行実昭34・6・23）。

2　正しい。平成24年の法改正により、政務調査費の名称を「政務活動費」に、交付の目的を「議員の調査研究その他の活動に資するため」に改めました（法100⑭）。それまで禁止していた酒食を伴う会合の経費にも支出できるとした地方公共団体もあります。

3　誤り。議会の調査権は、実地調査を含みます。法98条1項の検査は書面検査であり、実地検査の場合は同条2項の規定により監査委員をして行わせるものですから、100条調査権には、98条の検査権は含まれません（行実昭26・10・10）。

4　誤り。議案付託の議決に際して、これらの権限を委任する旨の議決を経る必要があります（行実昭23・10・6）。

5　誤り。明らかに当該普通地方公共団体の事務に関する事項でないと認められる請願も、受理を拒むことはできません。当該地方公共団体の権限外の事項については、不採択のほかはありません（行実昭25・12・27）。

**正解**　2

### ポイント❶ 議会自らが調査する100条調査権

議会が議決権その他の権限を有効適切に行使するため、国会の国政調査権と同様に（憲法62）、普通地方公共団体の議会にも次表の調査権が認められています。

| 調査の内容 | 調査の対象 |
|---|---|
| 一般的な事務調査 | 当該団体の**事務全般**（例外は、問15　検査権・監査請求権参照） |
| 出頭、証言、**記録の提出**の請求 | **選挙人**その他の関係人に対して、**特に必要と認める場合**に限る |

これらは議会の権限ですから、行使するときは、すべて議会の議決が必要です。実地調査が必要な場合、監査委員に行わせるものがありますが（法98②）、これは100条調査権ではありません。

また、選挙人その他の関係人から、公務員たる地位において知り得た事実として職務上の秘密である旨の申立てを受けた場合は、議会は、当該官公署の承認がなければ、証言又は記録の提出を請求できません（法100④）。

### ポイント❷ 100条調査権は罰則で担保される

国会の国政調査権と同様、100条調査権にも罰則規定があります。議会の請求を受けた選挙人その他の関係人が正当な理由なく出頭、記録の提出、証言を拒んだときは、6ヵ月以下の禁錮又は10万円以下の罰金に処せられます（法100③）。

虚偽の陳述をしたときは、3ヵ月以上5年以下の禁錮に処せられます（同条⑦）。

### ポイント❸ 条例で定める政務活動費

普通地方公共団体は、条例で定めるところにより、議会の会派又

は議員に対し、政務活動費を交付できます（法100⑭）。議員の調査研究のほか、**その他の活動**（会合費）に資するために使うことができます。

**条例**で定める必要事項は、政務活動費の①交付の対象、額、②交付の方法、③充当できる経費の範囲です。

### ポイント**4** 何人もできる請願

憲法16条は「何人も、……平穏に請願する権利を有」すると規定し、この権利を保障しています。請願は、「何人も」することができますので、自然人でも法人でもできます。当該普通地方公共団体の区域内に住所を有している者に限りません。国籍や選挙権の有無を問いません。

請願一般に関する手続きは請願法に、国会に対する請願は国会法に、地方議会に対する請願は地方自治法に規定されています。議会に請願しようとする者は、議員の紹介が必要ですが（法124）、議員は1人でもかまいません。以下にポイントをまとめました。

① 事項の制限なし

請願事項は、特に制限がありません。当該普通地方公共団体の事務と全く関係ない事項（例：国政に関すること）でも構いません。

② 閉会中も可能

請願は、議会の開会中だけでなく、閉会中も議長が請願書を受理します（行実昭48・9・25）。

③ 結果の請求

議会で採択した請願は、関係執行機関に送付し、その請願の処理の経過、結果の報告を請求することができます（法125）。

④ 拘束力はなし

請願の相手方である執行機関は、これを受理し誠実に処理しなければなりませんが（請願法5）、法的に拘束されません。

# 定例会、臨時会、通年議会

頻出度
★★

## Question

　地方自治法に規定する普通地方公共団体の議会の招集及び会期に関する記述として、妥当なのはどれか。

1　普通地方公共団体の議会の招集は、開会の日前、都道府県及び市にあっては7日、町村にあっては3日までにこれを告示しなければならず、告示後災害等が生じても開会の日を変更することはできない。

2　普通地方公共団体の議会の議員定数の4分の1以上の者は、当該普通地方公共団体の長に対し、会議に付議すべき事件を示して臨時会の招集を請求することができるが、当該普通地方公共団体の長が当該請求のあった日から20日以内に臨時会を招集しないときは、議長において臨時会を開くことはできない。

3　普通地方公共団体の議会の議長は、議会運営委員会の議決を経て、当該普通地方公共団体の長に対し、会議に付議すべき事件を示して臨時会の招集を請求することができる。

4　普通地方公共団体の議会の会期及びその延長並びにその開閉に関する事項は、議会が定めるが、議会の会議規則をもって、議会の会期及びその延長は、議長が議会運営委員会の意見を聴き、これを定め、議会の議決を要しない旨規定することができる。

5　普通地方公共団体の議会は、当該普通地方公共団体の長が定める規則により、定例会及び臨時会とせず、毎年、当該規則で定める日から翌年の当該日の前日までを会期とすることができる。

# nswer

　定例会と臨時会は、議会の招集、会期に絡めてよく出題される問題です。特に招集権者、招集期間、招集の方法が問われます。

1　誤り。前段の告示日に関する記述は正しい（法101⑦）。しかし、告示後に当該招集に係る開会の日に会議を開くことが災害等の事由により困難であると認めるときは、当該告示をした者はその開会の日を変更することができる（同条⑧、令4・12・16施行）。

2　誤り。議員からの臨時会の請求に対して長が招集しないときは、議長は、請求した議員の申出に基づき申出日から10日以内（都道府県・市）又は6日以内（町村）に招集する必要があります（法101⑥）。平成22年、鹿児島県阿久根市長が議長からの請求があったにもかかわらず、臨時会を招集しなかったことを契機として平成24年の法改正で追加された項目です。

3　正しい（法101②）。臨時会の招集の請求には、2つの方法がありますので（同条②、③）、解説で確認してください。

4　誤り。会期、会期の延長、開閉に関する事項は、議会が定めます（法102⑦）。会議規則で問題文のように定め、議会の議決を要しない旨を規定することは違法です（行実昭26・4・14）。なお、会期とは、開会から閉会まで一定の期間を限って活動する期間をいいます。

5　誤り。定例会及び臨時会とせず、毎年、当該条例で定める日から翌年の当該日の前日までを会期とすることができるとする、いわゆる通年議会は、条例で定める必要があります（法102の2①）。

**正解　3**

# 17 重要ポイント

### ポイント❶ 議会の招集は、原則として長の権限

定例会及び臨時会双方とも、議会の招集は、原則として、長の権限に属しています（法101①）。

臨時会の招集の請求は、「長に、会議に付議すべき事件を示して」しますが、次の2つの方法があります（同条②、③）。

A　議長が、議会運営委員会の議決を経て請求

B　議員定数の1/4以上の議員による招集の請求

それでも長が招集しないときは、招集権者は議長に移ります（同条⑤、⑥）。

■臨時会の招集の流れ

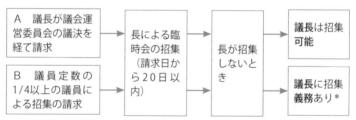

\* Bの場合、議長は、申出に基づき申出日から10日以内（都道府県・市）又は6日以内（町村）に招集する必要があります（同条⑥）。

告示は、開会の日前の7日まで（都道府県・市）又は3日まで（町村）にする必要があります（緊急の場合を除く）（同条⑦）。

### ポイント❷ 定例会の開催回数は条例で、時期は長が決定

開催回数は**条例**で定めます（法102②）。いつ開催するかは、招集権者である長が決めますので（法101①）、条例では定めません。

### ポイント❸ 会期、開閉に関する事項は議会が決定

**会期**（の延長）、**開閉**に関する事項は全て**議会**が定めます（法102⑦）。

### ■定例会と臨時会の違い

|  | 定例会 | 臨時会 |
|---|---|---|
| 開催回数 | 毎年、**条例**で定める回数 | 必要がある場合、その事件に限る |
| 付議事件 | ・付議事件の有無にかかわらず招集<br>・すべての事件が取り上げられる | ・長の事前の告示を要す<br>・臨時会開会中に、緊急を要する事件があるときは、会議に付議できる |

## ポイント**4** 通年議会は長が招集したものとみなす―招集行為は不要

　普通地方公共団体の議会は、条例で定めるところにより、定例会及び臨時会とせず、毎年、条例で定める日から翌年の当該日の前日までを会期とすることができます（法102の2①）。

　通年議会においては、条例で定める日の到来をもって、普通地方公共団体の長が当該日に**招集したものとみなし**ています（同条②）。したがって、通常は招集行為はありません。

　ただし、議員の任期が満了したときなど**会期が終了した場合**には、長が、一般選挙により選出された議員の任期が始まる30日以内に議会を招集しなければなりません（同条④）。

　また、議会は、**条例**で、定期的に会議を開く日（**定例日**）を定めなければなりません（同条⑥）。

　**長**は、議長に対し、会議に付議すべき事件を示して、定例日以外の日において**会議を開くことを請求**することができます。この場合、議長は、7日以内（都道府県・市）又は3日以内（町村）に会議を開かなければなりません（同条⑦）。

　議長は、長等に議場への出席を求めるに当たっては、当該普通地方公共団体の執行機関の事務に支障を及ぼすことがないように配慮しなければなりません（法121②）。

# Question

　地方自治法に規定する普通地方公共団体の議会の委員会に関する記述として、妥当なのはどれか。

1　普通地方公共団体の議会の常任委員会は、予算その他重要な議案、請願について公聴会を開き、真に利害関係を有する者又は学識経験を有する者から意見を聴くことができる。

2　普通地方公共団体の議会の議会運営委員会は、議会の運営に関する事項、議会の会議規則、委員会に関する条例に関する事項及び議長の諮問に関する事項を調査できるが、議案及び請願を審査することはできない。

3　普通地方公共団体の議会の議会運営委員会は、当該普通地方公共団体の事務に関する調査のために参考人の出頭を求めることができるが、審査のためには、参考人の出頭を求めることができない。

4　普通地方公共団体の議会の特別委員会は、議会の議決すべき事件のうち、その部門に属する当該普通地方公共団体の事務に関するものにつき、議会に予算を提出することができる。

5　普通地方公共団体の議会の特別委員会は、議会の議決により付議された特定の事件については、議会の閉会中にこれを審査することができるが、常任委員会においては、議会の閉会中にこれを審査することができない。

# **A**nswer

　平成24年の法改正で、議会の委員会制度の規定が自治法109条にまとめられて簡素化されました。かつては、委員会の数や議員の常任委員会への所属など制限がありましたが、現在は必要な事項は条例で定めることになりました（法109⑨）。

① 正しい。議会は、会議（本会議のことです）において、予算その他重要な議案、請願について公聴会を開き、真に利害関係を有する者又は学識経験を有する者から意見を聴くことができます（法115の2①）。この本会議における公聴会の規定は、すべての委員会に準用されます（法109⑤）。

② 誤り。議会運営委員会は、議会の運営に関する事項、議会の会議規則、委員会に関する条例に関する事項及び議長の諮問に関する事項を調査するとともに、議案及び請願を審査します（法109③）。

③ 誤り。議会は、会議（本会議のことです）において、当該普通地方公共団体の事務に関する**調査又は審査**のために参考人の出頭を求め、その意見を聴くことができます（法115の2②）。この本会議における参考人の規定は、公聴会と同様にすべての委員会に準用されます（法109⑤）。

④ 誤り。委員会は、議会の議決すべき事件のうちその部門に属する当該普通地方公共団体の事務に関するものにつき、議会に議案を提出することができますが、予算は提出することができません（法109⑥）。予算の提出権は長に専属します（法211①）。

⑤ 誤り。委員会は、議会の議決により付議された特定の事件については、議会の閉会中も審査することができます（法109⑧）。これは、特別委員会も常任委員会も同じです。

**正解　①**

# 18 重要ポイント

## ポイント❶ 委員会は条例による任意設置

議会は、**条例**で常任委員会、議会運営委員会、特別委員会を置くことができます（法109①）。

これらは必置ではなく、**任意**の設置になります。

本来、議会は、全員で構成する本会議で決定します。しかし、議員が多数いる場合には、審査するのが大変になりますので、少人数の委員会で詳しく審査し、その結論を受けて本会議で議決する委員会制度を採用しています。

■委員会を設置した場合の条例議案の議決の流れ

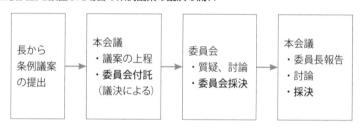

## ポイント❷ 3つの委員会の権限

各委員会の権限は次表のとおりです（法109②〜④）。

常任委員会は、各部門に属する普通地方公共団体の事務に関する調査、議案・請願等の審査をします（法109②）。自治体ごとに様々な名称や役割を持つ委員会があります。例えば総務委員会、文教委員会等です。

議会運営委員会は、議会運営事項、会議規則、委員会条例に関する事項、議長の諮問に関する事項を調査し、議案及び請願を審査します（法109③）。

特別委員会は、議会の議決で付議された個別の事件があった場合

に審査する委員会（法109④）で、文字どおり「特別な場合」に設置される委員会です。その任務の終了時まで設置されます。

**■各委員会の権限の内容**

| 常任委員会 | 当該普通地方公共団体の事務（全般）に関する調査、議案・請願等の審査 |
|---|---|
| 議会運営委員会 | 次の事項の調査及び議案・請願等の審査<br>ア　議会の運営事項<br>イ　議会の会議規則、委員会に関する条例等の事項<br>ウ　議長の諮問事項 |
| 特別委員会 | 議会の議決により付議された事件の審査 |

## ポイント❸ 委員会は議案を提出できる

　各委員会は、議会の議員と同様に、その部門に属する事務について**議案を提出**できます（法112、109⑥）。ただし、予算については長の専属的権限ですから提出できません（同項但書）。

　委員会は、**公聴会**を開き、**参考人**の出頭を求めることができます（法109⑤）。なお、平成24年の法改正で、本会議でもこれらが可能となりました（法115の２）。

　各委員会は、議会の議決により付議された特定の事件については、**閉会中も審査**できます（法109⑧）。

　委員の選任その他委員会に関し必要な事項は、条例で定めます（法109⑨）。

## Question

　地方自治法に規定する普通地方公共団体の議会の会議に関する記述として、妥当なのはどれか。

1　普通地方公共団体の議会の議員は、議会の議決すべき事件につき、議会の議案を提出するに当たっては、議員の定数の12分の1以上の者の賛成がなければならないが、この12分の1以上の者には、議案の提出者は含まれない。

2　普通地方公共団体の長は、議会の審議に必要な説明のため議長から出席を求められた場合であっても、出席すべき日時に議場に出席できないことについて正当な理由があり、その旨を議長に届け出たときは、出席しないことができる。

3　普通地方公共団体の議会の議事は、出席議員の過半数でこれを決するが、この場合、議長は、議員として議決に加わる権利を有する。

4　普通地方公共団体の議会が議案に対する修正の動議を議題とするに当たっては、出席議員の12分の1以上の者の発議によらなければならない。

5　普通地方公共団体の議会の議長は、議会の事務局長に書面により会議録を作成させなければならないが、秘密会の議事は、秘密会の性質上、会議録の原本に記載させることはできない。

# **A**nswer

　議員が議案を提出するには、議員定数の1/12以上の者の賛成が必要ですが（法112②）、実際には、次頁ポイント**❶**の表内①「団体意思の決定」の場合に限られています。

　同表内②「議会としての機関意思の決定」は、議会の議決すべき事件ではありませんので、1/12以上の賛成は不要です。この議案の賛成者数は、会議規則で1/12より少なく定められるのが一般的です。

　また、〔議員定数＞在職議員の数＞出席議員の数〕の関係もしっかりと把握しておきましょう。

1　誤り。議案を提出するには、議員定数の1/12以上の賛成が必要です（法112②）。1/12以上の者には、議案の提出者を含みます（行実昭31・9・28）。

2　正しい（法121①但書）。

3　誤り。議事は、出席議員の過半数で決し、可否同数のときは議長が決します（法116①）。この場合、議長は出席議員に含まれず、議決権はありません（同条②）。

4　誤り。議案の修正の動議には、**議員定数**の1/12以上の発議が必要です（法115の3）。なお、委員会が修正案を提出する場合は、本条の適用はありません（行実昭31・9・28）。

5　誤り。議長は、議会の事務局長に書面又は電磁的記録により会議録を作成させなければなりません（法123①）。秘密会の議事も、会議録の性質上、原本には記載しておくべきです（行実昭33・3・10）。

**正解**　2

## ポイント❶ 議案提出権と提出権者の決まり

　議員は、議会の議決すべき事件につき議案を提出できます（法112①）。議会の議決すべき事件には、次表②の「機関意思の決定」は含まれず、同表①の「団体意思の決定」の場合のみを意味します（行実昭25・9・14）。ただし、予算（同項但書）、局部設置条例のような執行機関の組織に関するもの、長の事務執行の前提要件については、長の専属的権限に属しますので、議案を提出できません。

　議案提出権は議員に与えられていますので、議長として議案の提出はできません（行実昭24・10・29）。

　議案を提出するには、議員定数の1/12以上の賛成が必要です（法112②）。そして、議案提出は、文書によることが必要です（同条③）。

| | 議決事件の例 | 提出権者 |
|---|---|---|
| ① **団体意思の決定**<br>（議決により自治体の意思決定が確定するもの） | 事務所の位置条例<br>**議員定数条例**<br>公の施設条例<br>一般的な施策の条例 | 議員又は長 |
| | **予算**<br>局部設置条例<br>支所、出張所設置条例 | 長のみ |
| | 委員会設置条例<br>議会事務局設置条例 | 議員のみ |
| ② 議会としての**機関意思の決定** | 関係行政庁への意見書提出<br>議員の資格決定 | 議員のみ |
| ③ 長の事務執行の前提要件（議会の議決を要するもの） | 副知事・副市町村長の選任<br>監査委員の選任<br>市町村の廃置分合についての知事の決定<br>条例で定める契約の締結 | 長のみ |

## ポイント❷ 議案の修正の定数と限界

議案の**修正の動議**には、議員定数の1/12以上の発議が必要です（法115の3）。

予算の提出権者は長のみですが、予算の増額修正の議決はできます。ただし、長の予算の提出の権限を侵すような修正はできません（法97②）。なお、減額修正も当然可能とされています。

## ポイント❸ 議事の表決（議決数）

議事は、**出席議員の過半数**で決し、可否同数のときは議長が決します（法116①）。この場合、議長は出席議員に含まれず、議決権はありません（同条②）。

例外として次表の**特別多数決**があり、この場合は議長も出席議員に含まれます。

| 議事 | 出席議員数 | 議決数 |
|---|---|---|
| 事務所の位置条例の制定・改廃（法4③）<br>秘密会の開会（法115①）<br>議員の資格の決定（法127①）<br>一般的拒否権（条例、予算）の再議（法176③）<br>重要な公の施設の廃止等（法244の2②） | 議員定数の半数以上 | 2/3以上 |
| 議会解散後、初議会での長の不信任議決（法178③） | 在職議員の2/3以上* | 過半数 |
| 解職請求に基づく主要公務員の失職（法87①）<br>議員の除名（法135③）<br>長の不信任議決（法178③） | 在職議員の2/3以上* | 3/4以上 |
| 指名推薦による当選人の決定（法118③） | 議員定数の半数以上 | 全員 |

＊　定足数の例外となります。

# 20 会議の運営、除斥制度

## Question

地方自治法に規定する議会の会議に関する記述として、妥当なのはどれか。

1 普通地方公共団体の議会の議事は、議決に特別多数の者の同意を要求されている場合を除き、表決権を有する議長を含む出席議員の過半数でこれを決し、可否同数のときは、採決権を有する議長の決するところによる。

2 普通地方公共団体の議会の会議は、公開することが原則であるが、議長又は議員から秘密会の発議があった場合、この発議に対して討論を行った上で、出席議員の3分の2以上の多数で議決したときは、秘密会を開くことができる。

3 普通地方公共団体の議会は、議員定数の半数以上の議員が出席しなければ会議を開くことができないが、招集に応じても出席議員が定数を欠き、議長において出席を催告してもなお半数に達しないときに限り、会議を開くことができる。

4 普通地方公共団体の議会の議員は、自己が従事する業務に直接利害関係のある事件については、その議事に参与することができないので、議員が当該普通地方公共団体から補助金を受けている協会の会長の職にある場合、その補助金が計上されている全体の予算審議に当たり、当該議員は除斥される。

5 普通地方公共団体の議会の議長は、書面又は電磁的記録により会議録を作成させ、会議の次第及び出席議員の氏名を記載させ、又は記録させなければならず、会議録が書面をもって作成されるときには、議長及び議会において定めた二人以上の議員がこれに署名しなければならない。

# **A**nswer

議会の会議の運営には、次の原則と例外があります。

| 原則 | 例外 |
|------|------|
| ① 定足数 | 議員の除斥のための半数に達しない場合など４つ |
| ② 会議公開 | 秘密会 |
| ③ 過半数議決 | 特別多数決（問19参照） |
| ④ 会期不継続 | 委員会の閉会中審査 |
| ⑤ 一事不再議 | 再議制度（問26参照） |

1　誤り。議事は、出席議員の過半数でこれを決しますが、議長は、表決権を有しませんので、議決には加わりません（法116②）。議決が可否同数のときは、採決権を有する議長の決するところとなります（同条①）。

2　誤り。議長又は議員３人以上から秘密会の発議があった場合、出席議員の2/3以上の多数で議決したときは、秘密会を開くことができますが（法115①）、秘密会の発議については、討論を行わないでその可否を決しなければなりません（法115②）。

3　誤り。会議の定足数は、議員定数の半数以上の出席が原則ですが、例外は４つあります。例えば、除斥のために半数に達しないときなども会議を開くことができます（法113但書）。

4　誤り。議員は、自己が従事する業務に直接利害関係のある事件については、その議事に参与することができません（法117）。しかし、当該補助金が計上されている予算審議に当たり、当該議員は除斥されません（行実昭31・9・28）。

5　正しい（法123①、②）。

**正解**　5

**重要ポイント**

### ポイント❶ 定足数の原則と４つの例外

会議を開くには、**議員定数の半数以上**の出席が必要です（法113）。ただし、次の場合に例外があります（同条但書）。

① 議員の除斥のために半数に達しないとき
② 同一の事件につき再度招集しても、なお半数に達しないとき
③ 招集に応じても出席議員が定数を欠き、議長が出席を催告してもなお半数に達しないとき
④ 議長の出席催告により半数に達し、開会後に再び半数に達しなくなったとき

### ポイント❷ 会議公開の原則

会議は、公開が原則です（法115①）。自治法上では、本条の会議は本会議を指し、委員会には公開の原則は適用がありません。ただし、実務的には、会議規則で規定して公開しています。

例外として、次の要件を満たすときは、**秘密会**を開くことができます（同項但書）。

① 議長又は議員３人以上の発議
② 出席議員の2/3以上の多数議決

この発議は、討論を行わないで可否を決します（同条②）。

### ポイント❸ 過半数議決の原則

議会の議事は、出席議員の過半数で決します（法116①）。例外は、特別多数決（問19 議案提出権、議案修正、表決参照）。

### ポイント❹ 会期不継続の原則

会期中に議決に至らなかった事件は、後会（次の議会）に継続しません（法119）。例外として、**委員会**（常任委員会、議会運営委員

会、特別委員会）は、議決により**付議された特定の事件**については、閉会中も審査することができます（法109⑧）。

### ポイント**5** 一事不再議の原則

一事不再議の原則とは、同一会期中に議決（可決・否決）された同一の事項については、再び付議しないことです。自治法の条文にはない慣習的なもので、会議規則に規定されることが多いです。

### ポイント**6** まとめて覚えよう 除斥制度

除斥制度は、議事や職の公正を確保することを目的に、次の２つの事件の議事などに当事者が参与することができないとするものです。
① 自己、配偶者、二親等以内の親族の**一身上に関する事件**
② ①に掲げる者の従事する業務に**直接利害関係のある事件**

| 当事者 | 除斥される事項 | 例外 |
|---|---|---|
| 議会の議長・議員<br>（法117） | 議会の議事への参与 | 議会の同意があれば、会議に出席・発言可能 |
| 選挙管理委員会の委員長・委員（法189②） | 委員会の議事への参与 | 委員会の同意があれば、会議に出席・発言可能 |
| 監査委員（法199の２） | 監査 | なし |

■二親等以内の親族の関係図

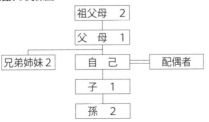

（注） 数字は自己から数えた親等を表します。

# Question

地方自治法に規定する普通地方公共団体の議会の議員の懲罰に関する記述として、妥当なのはどれか。

1 普通地方公共団体の議会の議員が、会議規則に違反して秘密会の議事を外部にもらした場合、会期不継続の原則の適用により、その秘密性が継続しても、次の会期において懲罰を科することはできない。

2 議会の議員の懲罰のうち、一定期間の出席停止の動議を議題とするに当たっては、出席議員の8分の1以上の発議がなければならない。

3 議会の議員の懲罰のうち、除名については、普通地方公共団体の議会の議員の3分の2以上の者が出席し、その4分の3以上の者の同意がなければならない。

4 普通地方公共団体の議会は、除名された議員で再び当選した議員を拒むことができる。

5 普通地方公共団体の議会の議員が正当な理由がなくて招集に応じないため、議長が、特に招状を発しても、なお故なく出席しない者は、議長において、議会の議決を経なくても、懲罰を科することができる。

# **A**nswer

　懲罰については、議会の自主性が尊重されますので、原則として、不服があっても裁判所に訴えることはできません。しかし、除名処分は、議会が議員の身分をはく奪し、議会から排除する重大な侵害行為ですので、司法審査の対象となります。懲罰では、この除名が最も出題が多い項目です。

1　誤り。議員が、会議規則に違反して秘密会の議事を外部にもらした場合は、議決により懲罰を科すことができます（法134）。また、秘密性が継続する限り、次の会期において懲罰を科すことができます（行実昭25・3・18）。

2　誤り。懲罰の動議を議題とするに当たっては、**議員定数の1/8以上**の発議が必要です（法135②）。

3　正しい（法135③）。なお、条文に「議会の議員」とあるので「出席職員」ではなく、「在職議員」の意味になります。

4　誤り。議会は、除名された議員で再び当選した議員を拒むことはできません（法136）。

5　誤り。議員が正当な理由がなくて招集に応じないため、議長が、特に招状を発しても、なお故なく出席しない者は、議長において、懲罰を科することができますが、議会の議決を経る必要があります（法137）。

**正解　3**

ここに注意！　「議会の会議」の意味

　自治法の条文で「議会の会議」は、「本会議」を指します（例：132条）。

# 21 重要ポイント

## ポイント❶ 議会の紀律と議長の権限・役割

議会は言論の府となるべく、議員、議会には一定の品位が求められています。また、議長には、議会運営をスムーズにするため、①の役割が課せられています。

① **議長の秩序保持**（法104）の具体的方法

ア **議場の秩序維持**（法129）

議場の秩序を乱す議員があるときは、議長は、制止又は発言を取り消させ、その命令に従わなければ、その日の会議が終わるまで発言禁止又は議場外に退去させることができます。

議員中に閉議に異議がある者がいても、議長は職権で閉議できます（最判昭33・2・4）。

イ **傍聴の取扱い**（法130）

傍聴人が会議を妨害するときは、議長は、制止し、その命令に従わなければ、退場させ、警察官に引き渡すことができます。また、議長は、**傍聴人規則**を定める必要があります。

② **議長に対する注意の喚起**（法131）

議場の秩序を乱し、又は会議を妨害するものがあるときは、議員は、議長の注意を喚起することができます。

③ **品位の保持**（法132）

議会の会議又は委員会で、議員は、無礼の言葉を使用し、他人の私生活にわたる言論をしてはなりません。

④ **侮辱に対する処置**（法133）

議会の会議又は委員会で、侮辱を受けた議員は、議会に訴えて懲罰処分を求めることができます。侮辱を受けた議員は、1人で発議できます（行実昭31・9・28）。

## ポイント❷ 自治法で規定された議会の懲罰とその方法

自治法は、懲罰の方法についても規定しています。

① 懲罰の対象と種類、手続き

議会は、自治法、会議規則、委員会に関する条例に違反した議員に対して懲罰を**議決**により科することができます。また、懲罰に関し必要な事項は、**会議規則**に定める必要があります（法134）。

なお、議場外の行為については、懲罰の対象となりません。ただし、秘密会の議事を外部にもらす行為は、懲罰の対象となります（行実昭25・3・18）。

### ■懲罰の種類と手続き（法135）

| 議員定数の1/8以上の発議 → | 種類 | 手続き |
|---|---|---|
| | ① 公開議場での**戒告**<br>② 公開議場での**陳謝**<br>③ 一定期間の**出席停止** | **議員定数**の半数以上の出席で、過半数の同意 |
| | ④ **除名** | **在職議員**の2/3以上の出席で、その3/4以上の同意 |

また、欠席議員に対して懲罰を科することができます（法137）。

出席停止の効力は、次の会期に及びません（行実昭23・10・30）。

懲戒処分の効力の発生時期は、議決のときであり、本人に対してその旨の通知がなされたときではありません（行実昭25・10・9）。

議員の任期が満了したときは、議員除名議決の取消しを求める訴えの利益は失われます（最判昭35・12・7）。

② 除名議員の再当選（法136）

議会は、除名された議員で再び当選した議員を拒むことはできません。

# 長の地位、権限

## Question

　地方自治法に規定する普通地方公共団体の長の権限に関する記述として、妥当なのはどれか。

1　普通地方公共団体の長は、学校その他の教育機関の用に供する財産を取得する権限を有するが、当該財産を管理する権限及び処分する権限は、当該普通地方公共団体の教育委員会が有し、長はそれらの権限を有しない。

2　普通地方公共団体の長は、その補助機関である職員を指揮監督することができるが、その職員には、当該普通地方公共団体の長から独立の執行権を持つ委員会又は委員の補助職員も含まれる。

3　普通地方公共団体の長は、当該普通地方公共団体の議会の議決を経るべき事件についての議案の提出権を有しており、当該普通地方公共団体の公益に関する事件について、当該普通地方公共団体の議会から国会又は関係行政庁への意見書を提出する旨の議案を、議会に提出することが認められている。

4　普通地方公共団体の長は、その管理に属する行政庁の処分が法令、条例又は規則に違反すると認めるときは、必ずその処分を取り消し、又は停止しなければならない。

5　普通地方公共団体の長は、当該普通地方公共団体の区域内における公共的団体等の活動の総合調整を図るため、当該普通地方公共団体の議会の議決を経て、当該公共的団体等を指揮監督することができる。

# **A**nswer

　長は、当該普通地方公共団体の事務を管理し、執行します（法148）。他の執行機関の権限については、自治法、関係法律で特定分野の行政事務に限定されています（例：選挙管理委員会については、法186）。したがって、**行政委員会の権限に属するもの以外は、長の権限で処理する**ということになります。

1　誤り。長は、一般的に財産を取得し、管理し、処分する権限があります（法149⑹）。教育財産については、管理する権限は教育委員会にありますが（地教法23⑵）、取得し、処分する権限は長にあります（同法22⑷）。

2　誤り。当該普通地方公共団体の長から独立の執行権を持つ委員会又は委員の補助職員については、長は指揮監督することができません。例えば、選挙管理委員会の補助職員は、選挙管理委員会の委員長から指揮監督を受けます（法191③）。

3　誤り。普通地方公共団体の議会は、当該普通地方公共団体の公益に関する事件につき意見書を国会又は関係行政庁に提出することができます（法99）。この意見書原案の発案権は議員にあります（行実昭25・7・20）。したがって、長は、意見書原案の発案権を有しません。

4　誤り。普通地方公共団体の長は、その管理に属する行政庁の処分が法令、条例又は規則に違反すると認めるときは、その処分を取り消し、又は停止することができますが（法154の2）、必ず取消し等をしなければならないわけではありません。

5　正しい（法157①、議決については法96①⑭）。

**正解　5**

### ポイント**❶** 法定上の長の地位

普通地方公共団体の長は、行政の最高責任者として幅広い権限を有しています。その責任の重大さから、就任から退職・失職に至るまで法定上の様々な決まりがあります。

① 任期は4年です（法140①）。

② 兼職の禁止（法141）（問13 兼職兼業の禁止参照）

　　ア　国会議員（衆議院議員、参議院議員）

　　イ　地方公共団体の議会の議員

　　ウ　常勤の職員、短時間勤務職員

　　エ　行政委員会の委員（法182⑦、地教法6等）

③ 兼業の禁止（法142）（問13参照）

④ 失職（法143）

　　次の場合には、長は失職します。

　　ア　被選挙権を有しなくなったとき

　　イ　兼業の禁止に該当するとき

　　被選挙権の有無、兼業禁止に該当するかどうかは、選挙管理委員会が決定します。不服があれば、審査請求できます。

⑤ 退職（法145）

　　長は、退職しようとする日の30日前まで（都道府県知事の場合）又は20日前まで（市町村長の場合）に、**議長**に申し出る必要があります。ただし、**議会の同意**があれば、その期日前でも退職できます。

⑥ 上記以外に、長は次の事由により失職します。

　　ア　長の解職請求の成立（法83）

　　イ　選挙の無効又は当選無効の確定（法144）

　　ウ　不信任議決による失職（法178②）

### ポイント **2** 幅広い長の権限

　地方公共団体のトップたる長の権限をまとめると次の通りです。

① 統轄代表権（法147）

　　長は、当該普通地方公共団体を統轄し、代表します。「**統轄**」とは、事務全般について、長が総合的統一を確保する権限があることを意味し、「**代表**」とは、長が行った行為が法律上直ちに当該普通地方公共団体の行為となることを意味します。

② 長の担任事務（法149）

　　おおむね、次の事務を担任します。

　　ア　**議案提出権**

　　イ　**予算の調製・執行**

　　ウ　地方税の賦課徴収等

　　エ　決算認定の付議

　　オ　会計の監督

　　カ　財産の取得、管理、処分

　　キ　公の施設の設置、管理、廃止

　　ク　証書、公文書類の保管等

③ ②以外の長の具体的権限（長と行政委員会の関係は、問29参照）

　　・規則制定権（法15）

　　・内部統制に関する方針の策定（法150、2020〔令2〕・4・1施行）

　　・職員の指揮監督権（法154）

　　・所管行政庁の処分取消・停止権（法154の2）

　　・支庁・地方事務所・支所等の設置権（法155）

　　・公共的団体等の監督権（法157）

　　・副知事（副市町村長）の選任等の職員の任免権（法162等）

　　・行政委員会に対する総合調整権（法180の4）

## Question

　地方自治法に規定する普通地方公共団体の長の権限の代行に関する記述として、妥当なのはどれか。

1　副知事又は副市町村長を置かない普通地方公共団体において、当該普通地方公共団体の長に事故があるときは、その補助機関である職員のうちから当該普通地方公共団体の規則で定めた上席の職員がその職務を代理する。

2　普通地方公共団体の長は、その権限に属する事務の一部をその補助機関である職員に臨時に代理させることができ、この場合に、当該事務の権限は代理者に帰属し、長は、代理者を指揮監督することができない。

3　普通地方公共団体の長は、その権限に属する事務の一部をその補助機関である職員に委任することができるが、この権限の委任は、意思表示により行われ、特段の形式を要しない。

4　普通地方公共団体の長は、その権限に属する事務の一部をその管理に属する行政庁に委任することができる。

5　普通地方公共団体の長は、その権限に属する事務の一部を、行政委員会と協議して、当該行政委員会の補助機関である職員に長の事務の一部を補助執行させることができるが、この補助執行により権限そのものが移動し、対外的な表示は受任者の名で行われる。

# **A**nswer

　長は、自治体の事務の大部分の権限を持つわけですが、全部自分で行うのは、不可能ですし、効率的でもありません。そこで、自治法は、長の権限に属する事務について、補助機関である職員や行政委員会に行わせるために、①代理（法定代理と授権代理）、②委任、③補助執行の制度を設けています。

　解説を読んで、この違いを把握することが得点につながります。

1　誤り。副知事（副市町村長）を置かない普通地方公共団体において長に事故があるときは、その補助機関である職員から長の指定する職員が長の職務を代理します（法152②）。その職員がいないときは、規則で定めた上席の職員が職務を代理します（同条③）。

2　誤り。長は、その権限に属する事務の一部をその補助機関である職員に臨時に代理させることができます（法153①）。授権代理は、長の意思により代理関係が発生し、権限は長に帰属したままで、長に指揮監督権が残ります。

3　誤り。委任すると、委任した長はその権限を失い、受任者に権限が移動しますので、委任した旨、文書で明示することが必要です。なお、副知事（副市町村長）は、長の権限に属する事務の一部について、法153条1項の規定により委任を受け、事務を執行することができますが、長は、委任した旨を告示する必要があります（法167②、③）。

4　正しい（法153②）。

5　誤り。長は、行政委員会と協議して、当該行政委員会の補助機関である職員に長の事務の一部を補助執行させることができます（法180の2）。補助執行は、長の権限の事務の一部を職員等に内部的に委ねて執行させ、権限は移動せず名義も長となります。

**正解** 　4

### ポイント**❶** 権限の代理はこの2つ

**権限の代理**とは、長の権限の全部又はその一部を、その補助機関が長の職務を代理することを明示した上で（例：「○○市市長職務代理者○○市副市長◇◇」）、長に代わって行使することで、法的効果は長に帰属します。法定代理と授権代理があります。

① **法定代理**

法定の事由が発生したときに、当然代理権が発生するものです。その権限の全部（一身専属的な権限を除く）を代理します。

長に事故があるとき又は欠けたときは、副知事（副市町村長）が職務を代理します（法152①）。海外出張のように事前にわかっている場合には、期間を明示して発令します。

長の職務代理の順序は次のようになります（同条①～③）。

　ア　副知事（副市町村長）

　イ　長が指定する補助機関である職員

　ウ　規則で定めた補助機関である上席の職員

② **授権代理**

長の判断で臨時にその権限の一部を代理させるものです。長は、その権限の事務の一部を、その**補助機関である職員**に臨時に代理させることができます（法153①）。副知事（副市町村長）が委任を受けた場合には、長は告示しなければなりません（法167③）。

授権代理は、長の意思により代理関係が発生し、長に指揮監督権が残りますので、法律の根拠は、必ずしも必要ありません。同条は、代理を補助機関である職員に限定する規定です。

### ポイント**❷** 権限の委任は法律の根拠が必要

**権限の委任**とは、長の権限の事務の一部を職員等に委ねて、常時その**受任者の名**と責任において事務を行わせることです。委任する

と、**委任した長はその権限を失います。**

　例えば、知事の権限である飲食店の営業許可を保健所長に委任した場合は、保健所長は自己の名と責任において許可することになります。一方、知事は、許可権限を行使することはできなくなります。このように、権限が移るという特別な効果があるため、民法上の委任ではなく、**公法上の委任**として**法律の根拠が必要**となります。

　長は、権限の一部の事務を、補助機関である**職員**又は管理に属する**行政庁**に委任することができます（法153）。

### ポイント❸ 補助執行は法律の根拠が不要

　**補助執行**とは、長の権限の事務の一部を職員等に内部的に委ねて執行させるものです。長の権限に係る決定について、その補助機関である職員に内部的に委ねることを「**専決**」といいます。長の職員に対する指揮監督権から派生するものですから、**法律の根拠は不要**です。

　長は、行政委員会と協議して、その委員会の補助機関である職員に長の事務の一部を補助執行させることができます（法180の２）。

■長の権限の代行の４つの形

| 代行制度 | 趣旨 | 帰属先 | 名義 | 法の根拠 |
|---|---|---|---|---|
| 法定代理 | 長の権限の全部を代理 | 長 | 長 | **必要**（法定だから） |
| 授権代理 | 長の権限の一部を臨時に代理 | 長 | 長 | 不要 |
| 委任 | 受任者の権限として代行 | **受任者** | **受任者** | **必要**（権限が移るから） |
| 補助執行 | 内部的に長の決定を代行 | 長 | 長 | 不要 |

# 行政組織、附属機関、地域自治区

## Question

地方自治法に規定する附属機関及び地域自治区に関する記述として、妥当なのはどれか。

1 普通地方公共団体は、当該普通地方公共団体の執行機関の附属機関が臨時的又は速急を要する機関である場合には、法律又は条例によらず、規則によりこれを設置することができる。

2 普通地方公共団体の執行機関の附属機関を組織する委員その他の構成員は非常勤であり、これを条例で常勤とし、給料を支給することはできない。

3 普通地方公共団体の執行機関の附属機関は、調停又は審査のための機関に限られ、審議又は調査のための機関として設置することはできない。

4 地域自治区に置く地域協議会の構成員は、地域自治区の区域内に住所を有する者のうちから、市町村長が、地域自治区における多様な意見が適切に反映されるものとなるよう配慮しながら、議会の同意を得て、これを選任する。

5 地方自治法は、普通地方公共団体の審議会及び調査会等の委員その他の構成員に対し報酬を支給しなければならないと定めているため、普通地方公共団体は、地域自治区に置く地域協議会の構成員に、必ず報酬を支給しなければならない。

# **A**nswer

この設問のように問われた場合、行政組織で間違えやすいのは、その根拠です。次のように整理して覚えましょう。

・委員会・委員の設置（法138の4①）　→　法律

・附属機関の設置（同条③）　　　　　→　法律又は条例

1　誤り。附属機関は、法律若しくはこれに基づく政令又は条例により設置することとなっており、規則では設置できません（法202の3①）。

2　正しい。附属機関を組織する委員その他の構成員は非常勤であると規定されており（法202の3②）、条例で常勤とし、給料を支給することはできません。

3　誤り。附属機関は、調停、審査、審議又は調査等を行うための機関です（法202の3①。なお、参考として法138の4③）。

4　誤り。地域協議会の構成員については、地域自治区の区域内に住所を有する者のうちから、市町村長が選任しますが、議会の同意は不要です（法202の5②）。

5　誤り。審議会及び調査会等の委員その他の構成員に対し報酬を支給しなければなりませんが（法203の2①）、地域協議会の構成員には報酬を支給しないとすることができます（法202の5⑤）。

**正解　2**

# 24 重要ポイント

### ポイント❶ 行政組織の種類と条例の定め

地方公共団体の中枢機能たる役所には、主たる事務所として、様々な部・課等の内部機関、附属機関が設置されています。そして、庁舎外には、○○事務所といった名称の様々な出先機関があります。

① 事務所

事務所とは、地方公共団体の主たる事務所のことで、都道府県庁（都道府県）、市役所（市）、町村役場（町村）、区役所（特別区）を指します。事務所の位置を定め、変更するには、**条例**で定める必要があります（法4①）。この条例を制定、改廃するには、議会で**出席議員の2/3以上**の同意が必要です（同条③）。

② 出先機関

長は、出先機関として、都道府県では支庁、地方事務所、市町村では支所、出張所を設けることができます（法155①）。この場合に、支所等の名称、位置、所管区域は、**条例**で定める必要があります（同条②）。

③ 内部組織

長は、事務を分掌させるため、必要な内部組織を設けることができます。この場合に、長の直近下位の内部組織の設置とその分掌事務は、**条例**で定める必要があります（法158①）。

### ポイント❷ 附属機関は法律又は条例で設置

**法律又は条例**の定めるところにより、執行機関の附属機関として、自治紛争処理委員、審査会、審議会その他の機関を置くことができます（法138の4③）。政令で定める執行機関には、附属機関を置くことはできませんが、現在、政令の定めはありません（同条但書）。

　附属機関の職務は、長を代表とする執行機関の要請に応じて、調停、審査、審議、調査等を行うことです（法202の3①）。附属機関は独自の執行権限を有しません。

　また附属機関の委員その他の構成員は、**非常勤**です（同条②）。

　庶務は、法令に特別の定めがある場合を除き、属する執行機関が行います（同条③）。

## ポイント**3** 地域自治区は条例で設置

　市町村長の権限に属する事務を分掌させ、地域住民の意見を反映させつつ事務処理させるために、**条例**で、区域ごとに地域自治区を設けることができます（法202の4①）。

　地域自治区には事務所を置き、その位置、名称、所管区域は、**条例で定めます**（同条②）。事務所の長は、長の補助機関である職員をもって充てます（同条③）。

## ポイント**4** 地域協議会は地域自治区に必置

　地域自治区を設けたら、地域協議会を置きます（法202の5①）。構成員は、地域自治区の区域内に住所を有する者から、市町村長が選任します（同条②）。

　構成員には、報酬を支給しないとすることができます（同条⑤）。

　地域協議会には、会長、副会長を置き、選任・解任の方法は、**条例で定めます**（法202の6）。

　地域協議会は、市町村長その他の市町村の機関より諮問されたもの又は必要と認めるものについて、審議し、意見を述べることができます（法202の7①）。

　市町村長は、条例で定める重要事項で、地域自治区の区域に係るものを決定・変更しようとする場合は、あらかじめ地域協議会の意見を聴く必要があります（同条②）。

# Question

　地方自治法に規定する普通地方公共団体の副知事、副市町村長又は会計管理者に関する記述として、妥当なのはどれか。

1　普通地方公共団体の長の職務を代理していない副知事又は副市町村長は、退職しようとするときは、その退職しようとする日前20日までに、当該普通地方公共団体の議会の議長に申し出なければならない。

2　普通地方公共団体の副知事又は副市町村長は、当該普通地方公共団体に対し請負をする者となることができず、請負をする者となったときは、普通地方公共団体の長は、当該副知事又は副市町村長を解職しなければならない。

3　普通地方公共団体の副知事又は副市町村長は、当該普通地方公共団体の議会の議員と兼ねることはできないが、当該普通地方公共団体の常勤の職員と兼ねることはできる。

4　会計管理者は、普通地方公共団体の長の補助機関である職員のうちから、普通地方公共団体の長が、議会の同意を得て、これを選任する。

5　会計管理者は、現金及び物品の出納及び保管を行うこと、決算を調製し監査委員の審査に付すこと、会計を監督することなどの会計事務をつかさどる。

# Answer

　普通地方公共団体の執行機関を図に示します。補助機関は、網掛けのものを指します。

■普通地方公共団体の執行機関

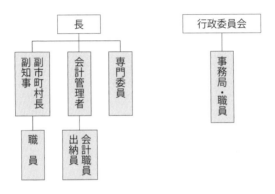

1　誤り。議会の議長ではなく、長に申し出なければなりません（法165②）。

2　正しい（法166③）。

3　誤り。副知事又は副市町村長は、当該普通地方公共団体の議会の議員、常勤の職員と兼ねることはできません（法166②、141②）。

4　誤り。長が、補助機関である職員から命じ、議会の同意は必要ありません（法168②）。

5　誤り。会計管理者は、現金及び物品の出納及び保管など、会計事務をつかさどります（法170）。会計管理者は決算を調製しますが（法233①）、監査委員の審査に付すことと（同条②）、会計の監督は長が行います（法149(5)）。

**正解**　2

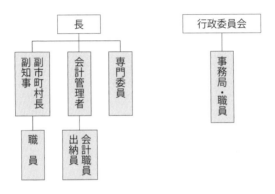

### ポイント ❶ 副知事（都道府県）、副市町村長（市町村）は原則必置

　副知事、副市町村長は原則として必置です。ただし、条例で置かないことができます（法161①）。定数は、条例で定めます（同条②）。

　長が、議会の同意を得て選任する特別職です（法162）。

① 任期・資格要件・退職規定

　任期は4年です。ただし、長は、任期中でも解職できます（法163）。この場合、議会の同意は不要です。なお、選挙権、被選挙権を有しない者は資格要件を満たしません（法164①）。

　長の職務代理者である副知事（副市町村長）は、退職しようとする日の前20日までに議会の議長に申し出ます。ただし、議会の承認があれば、期日前に退職できます（法165①）。

　それ以外の副知事（副市町村長）は、長に申し出る必要があります。ただし、長の承認があれば、期日前に退職できます（法165）。

| 退職者 | 受理機関 | 期日前退職の条件 |
|---|---|---|
| 長の職務代理者である副知事等 | 議会の議長（20日前） | 議会の承認 |
| それ以外の副知事等 | 長（20日前） | 長の承認 |
| （参考）長（知事、市長等）（法145） | 議会の議長（知事30日前、市長等20日前） | 議会の同意 |

② 職務・権限

　副知事、副市町村長の職務は、ナンバー2として、長を補佐し、職員の担任する事務を監督することなどです（法167①）。副知事（副市町村長）は、長の権限に属する事務の一部について、法153条1項の規定により委任を受け、事務を執行することができますが、長は、委任した旨を告示する必要があります（法167②、③）。

## ポイント**2** 会計管理者は1人必置

　会計管理者は1人必置です（法168①）。長が、補助機関である職員から命じます（同条②）。一般職ですから、任期はありません。

　会計事務（おおむね次の事務）をつかさどります（法170）。

> 1 現金の出納・保管　2 小切手の振出し　3 有価証券の出納・保管　4 物品の出納・保管＊　5 現金・財産の記録管理　6 支出負担行為に関する確認　7 **決算の調製**と長への提出

＊　使用中の物品については、使用している職員に保管責任があります（通知昭38・12・19）。

## ポイント**3** 出納員・会計職員も原則必置

　会計管理者の事務を補助させるため、出納員と会計職員は原則として必置です。ただし、町村では置かないことができます（法171①）。長が補助機関である職員から任命します（同条②）。

## ポイント**4** 専門委員の設置に条例は不要

　補助機関として**常設又は臨時**の専門委員を置くことができます。長が専門の学識経験者から選任する**非常勤職員**で、設置に条例は不要です（法174）。長の委託を受け、権限の属する事務に関し必要な事項を調査します。

　次表に副知事、副市町村長と会計管理者の違いをまとめます。

| | 副知事、副市町村長 | 会計管理者 |
|---|---|---|
| 定数 | **条例で定める**（原則必置だが、条例で置かないことも可能） | 1人必置 |
| 選任 | 長が、**議会の同意**を得て選任 | 長が、補助機関の職員から任命 |
| 身分 | 特別職、任期4年 | 一般職、任期なし |

# Question

地方自治法に規定する普通地方公共団体の再議制度に関する記述として、妥当なのはどれか。

1　普通地方公共団体の長は、当該普通地方公共団体の議会における条例の制定若しくは改廃又は予算に関する議決について異議があるときは、その理由を示してこれを再議し、出席議員の過半数で再議決されたときは、その議案は確定する。

2　普通地方公共団体の長は、当該普通地方公共団体の議会の議決が法令に違反すると認めるときは、理由を示してこれを再議に付さなければならず、なお議会の議決が法令に違反すると認めるときは、裁判所に出訴しなければならない。

3　普通地方公共団体の議会が、法令により負担する経費を削除し、又は減額する議決をした場合において、長が再議に付してもなお出席議員の3分の2以上の多数で再議決されたときは、その議案は確定する。

4　普通地方公共団体の議会が、感染症予防のために必要な経費を削除する議決をした場合、長が再議に付してもなお議会の議決が再議に付された議決と同じ議決であるときには、これを不信任の議決とみなし、議会を解散することができる。

5　普通地方公共団体の議会において、非常の災害による応急若しくは復旧の施設のために必要な経費を削除する議決をしたときは、当該普通地方公共団体の長は、これを再議に付すことなく、その経費及びこれに伴う収入を予算に計上してその経費を支出することができる。

# **A**nswer

　議会審議では、同一会期内に再度同じ議題を審議できないという一事不再議の原則がありますが、再議制度は、その例外です。

　再議には、2種類あります。

　・任意的再議　→　長に再議に付すかどうか判断を任せているもの

　・義務的再議　→　長に再議を義務付けているもの

　義務的再議は、非常事態の事案に対しての措置ですので、対象が限定されている点に着目してください。

1　誤り。出席議員の2/3以上の者の同意により再議決されたときは、その議案は確定します（法176①〜③）。

2　誤り。市町村長（知事）は、議決の日から21日以内に知事（総務大臣）に審査を申し立てることができます（同条⑤）。審査による裁定に不服の場合に裁判所に出訴することができます（同条⑦）。

3　誤り。出席議員の過半数で再議決された場合には、長は、その議決に従わず、原案として提出した経費・収入を予算に計上して執行することができます（法177②）。

4　正しい（法177③、178①）。

5　誤り。非常の災害による応急若しくは復旧の施設のために必要な経費を削除する議決をしたときは、長は、再議に付さなければならず、再議決された場合には、長は、不信任議決とみなすことができます（法177①(2)、③）。

**正解**　**4**

## ポイント❶ 任意的再議（一般的拒否権）は議決全般に可能

　長は、議会の議決に異議があるときは、議決の日（条例・予算については送付を受けた日）から10日以内に、理由を示して再議に付すことができます（法176①）。

　例えば、議員提案の条例が長の方針に合わない場合など、長は任意に再議に付すことができます。再議の結果、①条例の制定改廃・予算に関する議決では出席議員の2/3以上、②その他の議決では過半数により、改めて同じ議決となったときは、その議決は確定します（同条②、③)。

■再議の流れ

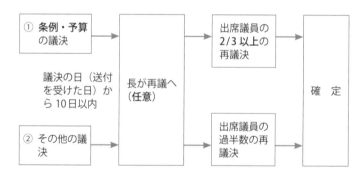

## ポイント❷ 義務的再議（特別拒否権）は３項目

　長は、次の場合には、再議に付すことが義務付けられています。

① **議決又は選挙が議会の権限を超え、又は法令・会議規則に違反すると認めるとき**（法176④)

　再議により同じ議決となったときは、違法性が問われていますので、確定しません。市町村長（知事）は、議決の日から21日以

内に知事（総務大臣）に審査を申し立てることができます（同条
⑤）。審査による裁定に不服の場合には、長、議会ともに裁判所
に出訴することができます（同条⑦）。

② 法令により負担する経費、法律の規定に基づき当該行政庁の職
権により命ずる経費その他の普通地方公共団体の**義務に属する経
費**を削除又は減額する議決をしたとき（法177①(1)）

再議決された場合には、長は、その議決に従わず、原案として提
出した経費・収入を予算に計上して執行することができます（同条
②）。これは**予算議決主義**の例外となります。

③ 非常災害による応急復旧の施設に必要な経費、感染症予防のた
めに必要な経費を削除又は減額する議決をしたとき（同条①(2)）

再議決された場合には、長は、不信任議決とみなすことができま
す（同条③）。

■**義務的再議の流れ**

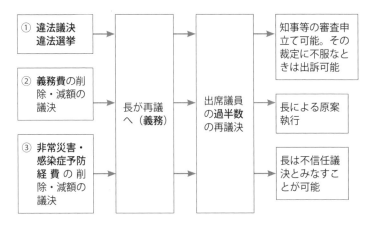

## Question

　地方自治法に規定する普通地方公共団体の議会と長との関係に関する記述として、妥当なのはどれか。

1　普通地方公共団体の議会において当該普通地方公共団体の長の不信任議決をし、当該普通地方公共団体の長が議会を解散した場合において、その解散後初めて招集された議会において再び不信任の議決をするためには、議員数の3分の2以上が出席し、その4分の3以上の者の同意がなければならない。

2　普通地方公共団体の長が当該普通地方公共団体の議会の議長から不信任議決の通知を受けたとき、既に議員が総辞職していたために議会を解散することができない場合、当該普通地方公共団体の長はその職を失う。

3　普通地方公共団体の議会の権限に属する事項を当該普通地方公共団体の長の専決処分の対象として指定したときは、当該事項は議会の権限を離れて、長の権限となるが、適法に指定が行われた後に、指定された事項について、議会が議決した場合は、議会の議決が優先する。

4　法定代理的専決処分ができる場合は、普通地方公共団体の議会が成立しないとき、普通地方公共団体の長において議会が議決すべき事件について特に緊急を要するため議会を招集する時間的余裕がないことが明らかであると認めるとき、又は議会において議決すべき事件を議決しないときに限られる。

5　法定代理的専決処分のうち、条例の制定若しくは改廃又は予算に関する処置について承認を求める議案が否決されたときは、普通地方公共団体の長は、速やかに、当該処置に関して必要と認める措置を講じるとともに、その旨を議会に報告しなければならない。

# **A**nswer

不信任議決のポイント
・最初の不信任議決 → 在籍議員の2/3以上の出席、3/4以上の同意
・再度の不信任議決 → 在籍議員の2/3以上の出席、過半数の同意
専決処分のポイント
・法律の規定による専決処分（法定代理的専決処分）
　→ 長は議会へ報告、議会の承認が必要
・議会の委任による専決処分（任意代理的専決処分）
　→ 長は議会へ報告、議会の承認は不要

1　誤り。解散後初めて招集された議会において再び不信任の議決をするためには、議員数の2/3以上が出席し、その**過半数**の者の同意が必要です（法178③）。

2　誤り。長は失職しません（行実昭25・11・30）。

3　誤り。議会の委任による専決処分（任意代理的専決処分）については、指定した事項は議会の権限を離れて、長の権限となります。しかし、既に議会で指定した事項について、長が議会の議決に再び付すことはできません（行実昭37・7・4）。

4　誤り。法113条但書（定足数の例外規定）の場合でも、なお会議を開くことができないとき、長は専決処分ができます（法179①）。

5　正しい（法179④）。

正解　5

---

**Column**　専決処分の適法性

　阿久根市長（当時）は、定例会を招集せず、議長からの臨時会招集にも応じず、副市長選任を専決処分しました。このような横暴な専決処分を防ぐため、平成24年に、副知事（副市町村長）の選任の同意を専決処分で行うことを否定する法改正が行われました（法179①但書）。

### ポイント① 2種類の不信任議決と解散

　議会と長が対立した場合の打開策として、不信任議決と解散の制度が、国の制度（憲法69）と同様にあります。

　議会は、在籍議員の2/3以上が出席し、その3/4以上の同意により、長の不信任議決をすることができます（法178①、③）。不信任の該当事由の制限はありません。

　これに対して、長は2通りの対応があります（同条①、②）。

　ア　不信任議決の通知を受けた日から10日以内に議会を解散

　イ　解散しない場合は、10日を経過した日に長が失職

　アで解散した場合でも、解散後初めて招集された議会において、在籍議員の2/3以上が出席し、その**過半数の同意**により、再び長の不信任議決をすることができます。この場合には、長は、議長から**通知があった日**に失職します（同条②、③）。

■不信任議決と解散の流れ

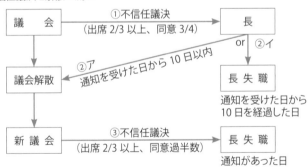

### ポイント② 2種類の専決処分

　専決処分とは、長が議会の議決を経ずに議決事件を処置することをいいます。

① 法律の規定による専決処分（**法定代理的専決処分**）

法律の規定による専決処分は、次の4つの場合です（法179①）。

| 法定上の専決要件 | 具体的な状況 |
|---|---|
| ア 議会が成立しないとき | 議員数が定足数の半数に満たない場合（行実） |
| イ 定足数の例外規定の場合でも、なお会議を開くことができないとき | ―― |
| ウ 長が、特に緊急を要するため議会を招集する時間的余裕がないことが明らかであると認めるとき | 年度末に4月1日施行の地方税法が改正され、それに伴い地方税条例を改正する場合等 |
| エ 議会が議決・決定すべき事件を議決・決定しないとき | ―― |

専決処分の対象は、議会の議決すべき事件、決定すべき事件であり、議会において行う選挙は対象になりません（同条①、②）。また、113頁のコラムのとおり、副知事、副市町村長の選任の同意が除外されました（同条①但書）。

長は、専決処分をした場合は、次の会議（定例会、臨時会）において議会に**報告**し、**承認**を求めなければなりません（法179③）。

承認が否決されても、専決処分の法的な効力には影響はありません。しかし、条例の制定改廃、予算に関する処置の承認が否決されたときは、長は、速やかに当該処置に関して必要と認める措置を講じて、その旨を議会に報告しなければなりません（同条④）。

② 議会の委任による専決処分（**任意代理的専決処分**）

議会の権限に属する軽易な事項で、議決により特に指定したものは、長が専決処分することができるとするものです（法180①）。一定額以下の損害賠償の額の決定等が指定されています。この場合、議会に**報告**する必要がありますが、承認は必要ありません（同条②）。

## Question

　地方自治法に規定する普通地方公共団体の執行機関である委員会又は委員に関する記述として、妥当なのはどれか。

1　行政委員会には、都道府県のみに設置される委員会と区市町村のみに設置される委員会があり、固定資産評価審査委員会は区市町村のみに設置される。

2　行政委員会は、公正中立な立場での行政執行が求められるため、複数の委員による合議制の執行機関である。

3　行政委員会は、長から独立して職権を行使し、長は行政委員会の職務執行に関して指揮監督権を有しない。

4　行政委員は、兼業禁止の規定を受け、職務全般において当該普通地方公共団体に対し請負をする者となることができず、この規定に該当するかどうかは、選任権者が決定する。

5　普通地方公共団体の長又は副知事若しくは副市町村長と親子、夫婦又は兄弟姉妹の関係にある者は、監査委員となることができず、この規定に該当するかどうかは、選任権者である長が決定する。

# **A**nswer

　行政委員会は、中立性、専門性、準司法的機能が求められる行政分野について、長から直接の指揮命令を離れて事務を行うことが適切なものに設けられています。

　多くは、**合議制**の機関（委員会）ですが、監査委員だけは、**独任制**の機関（委員）です。独任制とは、それぞれの委員が、独立して職権を行使することをいいます。人事委員会のような委員会制とは違い、監査委員を代表する委員長は置かれません。

1　誤り。固定資産評価審査委員会は、23特別区がある区域では、東京都に設置されます。固定資産税については、都が市とみなされるためです（地方税法734）。

2　誤り。行政委員会は、公正中立な立場での行政執行が求められるため、複数の委員による合議制の機関です。ただし、監査委員だけは、独任制の機関です。

3　正しい。長は、当該普通地方公共団体の執行機関相互の間にその権限につき疑義が生じたときは、調整するものとされていますが（法138の3③）、長は行政委員会の職務執行に関して補助機関に対するような指揮監督権を有しません。

4　誤り。行政委員は、兼業禁止の規定を受け、当該普通地方公共団体に対して請負関係に立つことが禁止されていますが、「その職務に関して」に限定されています（法180の5⑥）。「その職務に関して」でなければ請負関係に立つことができます。

5　誤り。長・副知事（副市町村長）と「親子・夫婦・兄弟姉妹の関係にある者」は、監査委員となることができません（法198の2①）。関係が生じたときは、監査委員は、自動的に**失職**します（同条②）。

**正解**　3

## ポイント**1** 行政委員会は法律により設置

行政委員会ごとに「都道府県・市町村別に必置」「共通して必置」と分類できます（法138の4、180の5）。

| 都道府県に必置 | 都道府県・市町村ともに必置 | 市町村に必置 |
|---|---|---|
| 公安委員会<br>労働委員会<br>収用委員会<br>海区漁業調整委員会<br>内水面漁場管理委員会 | 教育委員会<br>選挙管理委員会<br>人事（公平）委員会<br>監査委員 | 農業委員会<br>固定資産評価審査委員会＊ |

＊ 固定資産評価審査委員会は、23特別区がある区域では、東京都に設置されます。固定資産税については、都が市とみなされるためです（地方税法734）。

## ポイント**2** 行政委員会の権限と委員の身分

行政委員会は、法令・条例・規則に違反しない限りにおいて、その権限に属する事務に関して規則その他の規程を制定できます（法138の4②）。

行政委員会は、その権限に属する事務の一部を、長と協議して、長の補助機関等に委任し、又は補助執行させ、又は専門委員に委託して必要事項を調査させることができます（法180の7）。

① 委員の身分

原則として、**非常勤**です（法180の5⑤）。例外は次のとおりです。

　ア　識見を有する者から選任される監査委員（法196④、⑤）

　イ　人事委員会の委員のうち常勤とされた者（地公法9の2⑪）

委員は、職務に関し、当該普通地方公共団体と請負関係になることはできません。その場合には失職します。該当するかどうかは選任権者が決定します（法180の5⑥、⑦）（請負関係については、問13兼職兼業の禁止を参照）。

② 主な委員会の委員数と選任方法

委員数と選任方法も、次表のように法律で決められています。

| | 委員数 | 選任方法 |
|---|---|---|
| 教育委員会<br>〈地教法〉 | 教育長及び4人の委員（条例で都道府県・市は5人以上、町村は2人以上に設置可能） | 議会の同意を得て長が任命 |
| 選挙管理委員会<br>〈自治法〉 | 4人 | **議会で選挙** |
| 人事（公平）委員会<br>〈地公法〉 | 3人 | 議会の同意を得て長が任命 |
| 監査委員<br>〈自治法〉 | 都道府県・政令市は4人<br>他の市・町村は2人<br>ただし、条例で増加可能 | 議会の同意を得て長が任命 |

## ポイント❸ まとめて覚えよう　親族の就職禁止

長・副知事（副市町村長）と「親子・夫婦・兄弟姉妹の関係にある者」は、監査委員となることができません（法198の2①）。

長、副知事（副市町村長）、監査委員と親子・夫婦・兄弟姉妹の関係にある者は、会計管理者になれません（法169①）。

Aの職と「親子・夫婦・兄弟姉妹の関係にある者」は、Bの職につけない、ということを、A＞Bで表すと、下の図のとおりです。

親子・夫婦・兄弟姉妹の関係が生じたときは、Bは**失職**します（法198の2②、169②）。

## Question

　地方自治法に規定する普通地方公共団体の執行機関である委員会又は委員と長の関係に関する記述として、妥当なのはどれか。

1　普通地方公共団体の長は、予算の執行の適正を期するため、委員会又は委員に対して、収入及び支出の実績について報告を徴することはできるが、予算の執行状況を実地について調査することはできない。

2　普通地方公共団体の長は、組織運営の合理化と権衡の保持を図るため、当該普通地方公共団体の委員会又は委員に対して、事務職の組織、職員の定数又は職員の身分取扱いについて、必要な措置を講じるよう命ずることができる。

3　普通地方公共団体の委員会又は委員は、法律に特別の定めがあるものを除き、当該普通地方公共団体の長と協議して、その所掌事務に係る議会の議決を経るべき事件につきその議案を提出することができる。

4　普通地方公共団体の委員会は、法律に特別の定めがあるものを除き、当該普通地方公共団体の長から委任があっても、その所掌事務に係る手数料を徴収することはできない。

5　普通地方公共団体の委員会又は委員は、政令で定める事務を除き、その権限に属する事務の一部を、当該普通地方公共団体の長と協議して、長の補助機関である職員に委任し、若しくは補助執行させることができる。

# nswer

　長と行政委員会の関係の基本は、法138条の3にあります。

①　長の所轄の下に、それぞれ明確な範囲の所掌事務と権限を有する執行機関によって系統的に構成すること。

②　長の所轄の下に、執行機関相互の連絡を図り、すべて、一体として、行政機能を発揮するようにすること。

③　長は、執行機関相互間の権限に疑義が生じたときは、調整するよう努めること。

1　誤り。予算の執行状況に対しても、実地について調査することができます（法221①）。

2　誤り。必要な措置を講じるように「命ずる」ことはできません。必要な措置を講ずべきことを「勧告する」ことができます（法180の4①）。

3　誤り。委員会は、議決事件については議案を提出することはできません（法180の6(2)）。なお、議会の委員会は、その部門に属するものについては、議会の議決すべき事件につき議案を提出することができます（法109⑥）。

4　誤り。委員会は、「地方税を賦課徴収し、分担金若しくは加入金を徴収し、又は過料を科すこと」はできません（法180の6(3)）。しかし、委員会の所掌事務に係る手数料については、法180条の2の規定による委任があれば徴収することができます（通知昭38・12・19）。

5　正しい（法180の7）。

**正解　5**

### ポイント❶ 行政委員会の権限に属しない4つの事項

　行政委員会の権限に属しないとは、つまり長に権限がある事項のことです。長に権限がある事項は、次の4項目です（法180の6）。

①　普通地方公共団体の予算の調製・執行

②　普通地方公共団体の議決事件につき議案を提出すること

③　地方税の賦課徴収、分担金・加入金の徴収、過料を科すこと

④　普通地方公共団体の決算を議会の認定に付すこと

### ポイント❷ 行政委員会に対する長の総合調整権

　長は行政委員会に対して、次のように調整権限を有しています。

①　組織・人事に関する長の総合調整権

　　長は、行政委員会の事務局等の組織、職員の定数、職員の身分取扱いについて必要な措置を講ずべきことを**勧告**できます。行政委員会は、これらの事項中政令で定めるものについて、規則・規程の制定・変更を行う際には、長に**協議**する必要があります（法180の4）。

②　予算執行に対する長の総合調整権

　　長は、予算執行に適正を期するため、行政委員会に対して次のことができます（法221①）。

　　ア　収支の実績・見込みの報告徴収

　　イ　予算執行状況の実地調査

　　ウ　調査結果に基づく必要な措置の要求

　予算の調製・執行権は長に専属していますが（法149(2)）、法221条1項はその権限を各委員会に委任・補助執行させていることを前提にした規定です。

③　公有財産に関する長の総合調整権

　　長は、公有財産の効率的運用を図るため必要があると認めると

きは、公有財産の取得・管理について、行政委員会に対して次のことができます（法238の2①）。

　ア　報告徴収

　イ　実地調査

　ウ　調査結果に基づく必要な措置の要求

　公有財産の管理は、原則として長に専属しますので、次の公有財産にこの規定が当てはまります。

　ア　教育委員会に管理権がある教育財産（地教法21）

　イ　長が行政委員会に対して公有財産の管理を委任した場合

　なお、行政委員会は、公有財産の取得、用途変更等について、あらかじめ長に協議する必要があります（法238の2②）。

## ポイント❸ 長による委員会への委任・補助執行等

　行政委員会の事務運営、職員配置に関しても、長と行政委員会相互で調整を図ることができます。

① 事務の委任と補助執行

　　長と行政委員会の相互で、協議により、その担任事務について委任又は補助執行をさせることができます（法180の2、180の7）。ただし、公安委員会の事務を長の補助機関の職員に委任・補助執行することはできません（法180の7但書、令133の2）。

② 職員の兼務等

　　長は、行政委員会と協議して、長の補助機関の職員について行政委員会の職員と兼務させ、若しくはその職員に充て、事務に従事させることができます（法180の3）。

## Question

　地方自治法に規定する普通地方公共団体の執行機関である監査委員に関する記述として、妥当なのはどれか。

1　普通地方公共団体の長が監査委員を罷免しようとする場合は、当該普通地方公共団体の議会の同意が必要であり、監査委員が自ら退職しようとする場合でも、議会の同意を必要とする。

2　識見を有する者のうちから選任される監査委員のうち、都道府県にあっては、2人以上は常勤としなければならず、市町村にあっては、1人以上は常勤としなければならない。

3　監査委員は、各委員が権限を行使する独任制の行政機関であるため、監査の結果に関する報告の決定は、合議による必要がない。

4　監査委員は、監査のために必要があると認めるときは、関係人の出頭を求め、又は関係人に対し帳簿、書類その他の記録の提出を求めることができるが、関係人がこの求めに応じないときは、これを強制することはできない。

5　監査委員は、普通地方公共団体の財務に関する事務の執行を監査するので、当該普通地方公共団体の会計管理者と親子、夫婦又は兄弟姉妹の関係が生じたときは、職を失う。

# **A**nswer

　監査委員による監査は、監査委員の判断による①**一般監査**と長・議会等の請求による②**特別監査**に分かれます。

| | 内容 | 時期 |
|---|---|---|
| 財務監査 | 財務に関する事務の執行<br>経営に係る事業の管理 | 定期監査（毎年度１回以上）<br>随時監査（必要に応じ） |
| 行政監査 | 普通地方公共団体の事務全般の執行<br>（一定の事務を除く）（問15参照） | 随時監査（必要に応じ） |

　一般監査は、財務事務や経営に係る事業の管理を対象とする**財務監査**（法199①）と財務に限らず事務執行全般を対象とする**行政監査**（同条②）に分かれることをまず押さえてください。

　平成29年改正により、監査専門委員の創設（法200条の２）、2020（令和２）年４月１日からは監査基準の策定（法198の４）など、監査制度が充実強化されています。

1　誤り。長が監査委員を罷免しようとする場合は、議会の同意が必要ですが（法197の２）、監査委員が退職しようとする場合は、議会の同意は不要で、長の承認が必要です（法198）。

2　誤り。都道府県及び政令で定める市では、識見を有する者から選任される監査委員のうち少なくとも１人以上は常勤とする必要があります（法196⑤）。その他の市町村では、識見委員を常勤とするのが可能なだけです（同条④）。

3　誤り。監査委員は独任制ですが、監査の結果に対する報告、意見又は勧告決定は、監査委員の合議によります（法199⑫）。

4　正しい（法199⑧）。100条調査権とは違い強制できません。

5　誤り。職を失うのは、監査委員ではなく、会計管理者です（法169②）。

**正解**　4

# 重要ポイント

## ポイント❶ 自治法で規定された監査委員の選任と身分

　監査委員は、長が議会の同意を得て、普通地方公共団体の財務管理等に優れた、ア **識見を有する者**（識見委員）と、イ **議員**のうちから選任されます。ただし、条例で議員のうちから選任しないことができます（法196①）。

| | 定数* | うち議員数 | 常勤とするか（法196条④、⑤） |
|---|---|---|---|
| 都道府県・政令で定める市 | 4人 | 2人又は1人 | 識見委員の1人以上は常勤とする義務あり |
| その他の市町村 | 2人 | 1人 | 識見委員を常勤とすることが可能 |

＊ **定数**は、条例で増加可能（識見委員のみ）です（法195②）。

　監査委員になる者は、地方公共団体の常勤の職員、短時間勤務職員と兼職できません（法196③）。衆議院議員、参議院議員との兼職も禁止されています（法201、141①）。

　**任期**は、ア 識見委員は4年、イ 議員は議員の任期になります（法197）。退職には、長の承認が必要です（法198）。

　長は、次の場合には、議会の同意を得て、監査委員を**罷免**することができます（法197の2）。

　ア　心身の故障のため職務の遂行に堪えないと認めるとき

　イ　監査委員たるに適しない非行があると認めるとき

　また、識見委員のうち1人を、**代表監査委員**とします。代表監査委員又は監査委員の処分又は裁決に係る普通地方公共団体を被告とする訴訟については、代表監査委員が当該普通地方公共団体を代表します（法199の3）。

## ポイント**❷** 長・議会等の請求による特別監査の主なもの

特別監査は、長や議会等から請求があって行うものです。

| 種類 | 要件・手続き |
| --- | --- |
| 事務監査請求（直接請求）<br>（法75） | 有権者の1/50以上の者の連署により請求<br>普通地方公共団体の事務全般 |
| 議会からの監査請求（法98②） | 議会の執行機関に対する監視権として請求 |
| 長からの監査要求（法199⑥） | 長から普通地方公共団体の事務全般に対する監査の要求 |
| 住民監査請求（法242） | 住民（１人でも可能）からの監査の請求による監査。住民訴訟の前提 |
| 職員の賠償責任の監査（法243の２の２） | 監査委員は、損害の事実を監査し、賠償責任の有無・賠償額を決定する |

## ポイント**❸** 監査委員による監査の方法・報告・公表

監査委員は、監査基準（監査委員が定めて公表）に従い監査等を行います（法198の３①）。また、次のことができます（法199⑧）。

ア　関係人の出頭、調査、書類等の提出を求めること

イ　学識経験者等から意見聴取すること

ただし、議会の100条調査権と違い、出頭等の強制はできません。監査委員は、監査結果の**報告**を決定し、これを議会・長・関係機関に提出し、公表する義務があります（同条⑨）。必要により**意見**を提出し、勧告することができ、勧告の内容を公表する義務があります（同条⑩⑪）。この報告と意見は**合議**によります（同条⑫）。

その報告を受けた議会・長・関係機関は、措置を講じたときは、監査委員に通知し、監査委員は、その事項を公表する義務があります（同条⑭）。

監査委員にも除斥制度があります（法199の２）（問20参照）。

## Question

地方自治法に規定する外部監査契約に基づく監査に関する記述として、妥当なのはどれか。

1 普通地方公共団体が外部監査契約を締結できる者は、普通地方公共団体の財務管理、事業の経営管理その他行政運営に関し優れた識見を有する者であって、弁護士、公認会計士、税理士又はそれらとなる資格を有する者に限られる。

2 契約に基づく監査を受けることを条例により定めた市町村の長は、あらかじめ監査委員の意見を聴くことなく、毎会計年度、当該会計年度に係る包括外部監査契約を締結することができる。

3 個別外部監査人は、個別外部監査対象団体の財務に関する事務の執行及び個別外部監査対象団体の経営に係る事業の管理のうち、組織及び運営の合理化を達成するため、自ら必要と認める特定の事件について監査するものとする。

4 包括外部監査人は、監査のため必要があると認めるときは、監査委員と協議して、関係人の出頭を求め、若しくは関係人について調査し、若しくは関係人の帳簿、書類その他の記録の提出を求め、又は学識経験を有する者等から意見を聴くことができる。

5 普通地方公共団体の長は、外部監査人が心身の故障のため監査の遂行に堪えないと認めるとき、又は外部監査契約に係る義務に違反する行為があると認めるときその他外部監査人と外部監査契約を締結していることが著しく不適当と認めるときは、監査委員の同意を得て、外部監査契約を解除することができる。

# **A**nswer

　外部監査は、外部の専門家が自治体との契約により監査を行う制度です。外部監査は次の2種類があります。

| 種類 | 監査の内容 | 締結を義務付けられる団体 |
|---|---|---|
| 包括外部監査 | 毎会計年度、外部監査人が必要と認める特定の事件を監査 | ア　都道府県<br>イ　政令で定める市（政令指定都市、中核市）<br>ウ　その他の市町村で外部監査を受けることを条例で定めたもの |
| 個別外部監査 | 特別監査を実施する際に外部監査の要求等に係る事項について監査 | 条例により外部監査ができることを定めている普通地方公共団体 |

1　誤り。普通地方公共団体が外部監査契約を締結できる者は、弁護士、公認会計士、税理士のほかに、国の行政機関での会計検査事務従事者又は地方公共団体での監査・財務事務従事者で、監査実務に精通しているものとして政令で定めるものも含まれます（法252の28①）。

2　誤り。長は、あらかじめ監査委員の意見を聴くとともに、議会の議決が必要です（法252の36①）。

3　誤り。個別外部監査は、請求又は要求に係る事項について監査します（法252の27③）。自ら必要と認める特定の事件について監査するのは、包括外部監査人です（法252の37①）。

4　正しい（法252の38①）。

5　誤り。契約を解除する場合には、あらかじめ監査委員の意見を聴くとともに、議会の同意を経る必要があります（法252の35②）。

**正解**　4

# 31 重要ポイント

### ポイント❶ 外部監査契約を締結できる者

普通地方公共団体の財務管理等行政運営に関し識見を有する者で次に該当するもの（法252の28）が、契約を締結できます。

ア　弁護士（資格を有する者を含む）

イ　公認会計士（資格を有する者を含む）

ウ　国の行政機関での会計検査事務従事者又は地方公共団体での監査・財務事務従事者で、監査実務に精通しているものとして政令で定めるもの

エ　必要と認めるときは、税理士（資格を有する者を含む）

外部監査人は、監査の事務に関する刑法その他の罰則の適用については、公務従事職員とみなされます（法252の31⑤）。

### ポイント❷ 長による外部監査契約の解除

契約の解除は、長が次の場合に行います（法252の35）。

| ・契約を締結できる者でなくなる<br>・契約を締結できない者になる | 契約を解除する必要あり |
|---|---|
| ・心身の故障で監査の遂行に堪えないと認めるとき<br>・法令・義務違反等、契約締結が著しく不適当と認めるとき | 契約を解除することが可能。<br>長は、あらかじめ**監査委員の意見**を聴き、その意見を付けて**議会の同意**を得る必要あり |

### ポイント❸ 包括外部監査契約の締結義務とその権限

次の普通地方公共団体の長は、毎会計年度（後述ウについては条例で定める会計年度）、速やかに契約を締結する必要があります（法252の27②、252の36②）。この場合、**あらかじめ監査委員の意見を聴く**とともに、**議会の議決**が必要です（法252の36①②）。

ア　都道府県

イ　政令で定める市（政令指定都市、中核市）

ウ　その他の市町村で外部監査を受けることを条例で定めたもの

連続して4回、同一の者と契約することはできません（同条④）。

包括外部監査人は、監査のため必要があると認めるときは、監査委員と協議して、次のことができます（法252の38①）。

ア　関係人の出頭、調査、書類等の提出を求めること

イ　学識経験者等から意見聴取すること

## ポイント④ 個別外部監査契約は5つの特別監査で実施

個別外部監査は、次表の**5つの特別監査**について、その全部又は一部を**条例により外部監査ができると定めている普通地方公共団体**において、特別監査を要求した者が監査委員の監査に代えて外部監査を求めたときに行われるものです（法252の27③、252の39～44）。

■個別外部監査契約の手続きの流れ

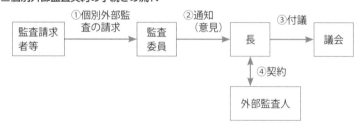

■5つの特別監査の内容

| 5つの特別監査 | 取扱い |
|---|---|
| ①　事務監査請求（直接請求） | 議会が決定 |
| ②　議会からの監査請求 | そのまま外部監査となる |
| ③　長からの監査要求 | 議会が決定 |
| ④　長からの財政援助団体等への監査要求 | 議会が決定 |
| ⑤　住民監査請求 | **監査委員が決定** |

## Question

　地方自治法に規定する普通地方公共団体の選挙管理委員会に関する記述として、妥当なのはどれか。

1　選挙管理委員は、選挙権を有する者で、人格が高潔で、政治及び選挙に関し公正な識見を有するもののうちから、普通地方公共団体の長が議会の同意を得てこれを選任する。

2　選挙管理委員会は、3人以上の委員が出席しなければ会議を開くことができず、委員の事故により委員の数がその数に達しないときは、委員長は、補充員をこれに充てなければならない。

3　選挙管理委員会は、4人の選挙管理委員をもってこれを組織し、当該委員の中の2人までは同時に同一の政党その他の政治団体に属する者となることができる。

4　選挙管理委員会の委員長が退職しようとするときは、当該選挙管理委員会の承認を得る必要はなく、当該普通地方公共団体の議会の議長に申し出なければならない。

5　選挙管理委員会の委員長及び委員は、自己若しくは父母、配偶者又は子の一身上に関する事件については、当該委員会の会議に出席し、発言することが一切できない。

# nswer

　教育委員会は、学校その他の教育機関を管理し、それに関連する事務を行い、社会教育等の事務を管理執行します（法180の8）。

　選挙管理委員会は、当該普通地方公共団体が処理する選挙に関する事務とこれに関連する事務を管理します（法186）。

　教育委員会については、自治法上は、180条の8に職務権限の規定が1条あるだけですので、単体での出題は難しいのではないかと思われます。

1　誤り。選挙管理委員は、普通地方公共団体の議会において選挙します（法182①）。

2　正しい（法189①、③）。

3　誤り。選挙管理委員会は、4人の選挙管理委員で組織します（法181②）。しかし、当該委員の中の2人が同時に同一の政党その他の政治団体に属する者となることはできません（法182⑤）。

4　誤り。委員長が退職しようとするときは、当該選挙管理委員会の承認が必要です（法185①）。

5　誤り。議事に参与することはできませんが、委員会の同意を得たときは、会議に出席し、発言することができます（法189②）。

**正解　2**

# 32 重要ポイント

## ポイント① 地教法が規定する教育委員会の概要

① 組織

教育長及び4人の委員（条例で都道府県・市は5人以上、町村は2人以上に設置可能）（地教法3）で構成されます。

② 教育長と委員

教育長は、長の被選挙権を持つ者で人格高潔、教育行政に関し識見を有するものから、**長が議会の同意**を得て任命します（地教法4①）。任期は3年（同法5①）で、常勤です（同法11④）。教育長は、教育委員会の会務を総理し、教育委員会を代表します（同法13①）。

教育委員は、長の被選挙権を持つ者で人格高潔、教育・学術・文化に関し識見を有するものから、**長が議会の同意**を得て任命します（同法4②）。任期は4年（同法5①）で、非常勤です（法180の5⑤）。

③ 総合教育会議の設置

長は、総合教育会議を設けます。会議は、長、教育委員会により構成され、長が招集します（地教法1の4）。

■教育委員会の組織

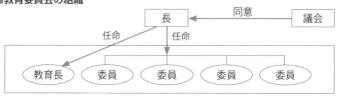

## ポイント② 自治法が規定する選挙管理委員会の概要

**選挙管理委員**は、選挙権を持つ者で人格高潔、政治・選挙に関し公正な識見を有するものから、**4人**（同数の**補充員**も）、**議会における選挙**で選任します（法181②、182①、②）。2人が同一の政党等に属することはできません（法182⑤）。任期は4年（法183）で、非

常勤です（法180の5⑤）。

　**委員長**は、委員の中から選挙され、委員会の事務を処理し、委員会を代表します（法187）。また、委員会を招集します（法188）。

　会議の**定足数**は、3人以上の委員の出席です。定足数に達しないときは、委員長は、補充員を充てる必要があります（法189）。表決は、出席委員の過半数で決し、可否同数のときは、委員長が決します（法190）。委員会の処分又は裁決に係る普通地方公共団体を被告とする訴訟については、委員会が代表します（法192）。

**■選挙管理委員会の組織**

① 　罷免（法184の2①）

　**議会**は、次の事由があるときは、**議決**で選挙委員を罷免できます。この場合、議会の常任委員会又は特別委員会で**公聴会**を開く必要があります。

　ア　心身の故障のため職務の遂行に堪えないと認めるとき

　イ　委員たるに適しない非行があると認めるとき

　退職するためには、委員長は委員会の承認、委員は委員長の承認が必要です（法185）。

② 　書記その他の職員（法191）

　ア　都道府県・市　→　書記長、書記その他の職員を置く

　イ　町村　→　書記その他の職員を置く

## **Q**uestion

　地方自治法に規定する普通地方公共団体の給与その他の給付に関する記述として、妥当なのはどれか。

1　普通地方公共団体の長の補助機関たる常勤職員の給料、手当及び旅費の額並びにその支給方法は、条例でこれを定めなければならない。

2　普通地方公共団体は、その非常勤の監査委員に対して給与を支給しなければならず、当該委員は、職務を行うため要する費用の弁償を受けることができる。

3　普通地方公共団体は、条例で、その議会の議員に対し、議員報酬を支給することはできるが、期末手当を支給することはできない。

4　普通地方公共団体は、条例で、その選挙管理委員会の委員に対し、退職手当を支給しなければならない。

5　市町村長がした給与その他の給付に関する処分に不服がある者は、都道府県知事に審査請求することができる。

# **A**nswer

　普通地方公共団体は、いかなる給与その他の給付も法律又はこれに基づく条例に基づかずには支給することができない（法204の２）ことが基本です。地方公共団体の記念行事等に際して、関係議員に法律・条例に基づかない記念品等を一律に贈呈することは、その趣旨、態様等からみて社会通念上儀礼の範囲を超えると認められる限り法204条の２に違反するとの判例があります（最判昭39・7・14）。

1　正しい。常勤職員、短時間勤務職員及びフルタイム会計年度職員に対しては、給料及び旅費を支給しなければならず、諸手当を支給することができます（法204①、②）。給料、手当及び旅費の額並びにその支給方法は、条例で定める必要があります（同条③）。

2　誤り。非常勤の監査委員には、報酬を支給しなければなりません（法203の２①）。当該委員は、職務を行うため要する費用の弁償を受けることはできます（同条③）。

3　誤り。議会の議員に対しては、議員報酬を支給する必要があります（法203①）。また、条例で、期末手当を支給することができ（同条③）、さらに費用弁償を受けることができます（同条②）。

4　誤り。行政委員会の委員に対しては、報酬と費用弁償を支給する必要があります（法203の２①、③）。しかし、退職手当については、法に規定がありませんので、支給することはできません（法204の２）。

5　誤り。給与その他の給付に関する処分についての審査請求は、法律に特別の定めがある場合を除くほか、当該普通地方公共団体の長に対して行います（法206①）。

**正解**　1

# 33 重要ポイント

### ポイント **1** 非常勤に報酬、常勤に給与を支給

　次の表中、非常勤（ア・イ）は報酬、常勤（ウ）は給与と覚えてください。議員は非常勤です。会計年度任用職員は2020（令和2）年4月1日施行。

| 対象 | 報酬と給与の別 | その他費用弁償 |
|---|---|---|
| ア　**議員**<br>（法203） | **議員報酬**<br>期末手当（条例で支給可能） | 費用弁償<br>（交通費等） |
| イ　行政委員会の委員等**非常勤職員**（短時間勤務職員、フルタイム会計年度任用職員を除く）（法203の2） | **報酬**（勤務日数に応じて支給。条例でそれ以外に変更可能） | 費用弁償<br>（交通費等） |
| ウ　**常勤職員**、短時間勤務職員、フルタイム会計年度任用職員（法204） | **給与**（給料、諸手当）<br>手当には、期末手当や退職手当も含む | 旅費 |

（注）パートタイム会計年度任用職員には、条例で期末手当又は勤勉手当の支給が可能です（法203の2④）。勤勉手当支給は令6・4・1施行。

　これらの額、支給方法はすべて条例で定める必要があります（法203④、203の2⑤、204③）。

　報酬は勤務に対する対価ですから、勤務日数に応じて支給します。ただし、条例で特別の定めをした場合を除きます（法203の2②）。議員報酬も理論的には同様なはずですが、こうした規定がないため、条例で定めています（法203④）。議員報酬は月額で定めているのが大部分ですが、経費削減のため日額制をとる団体もあります。

　上の表中ウの常勤職員等は、**退職年金、退職一時金**を受けることができます（法205）。これらは、条例で定めず、別の法律（地方公務員等共済組合法）で定められています。

　上記に示したように、給与その他の給付の原則として、いかなる

給与その他の給付も法律又はこれに基づく条例に基づかずには支給することができません（法204の2）。

## ポイント2 審査請求の仕組み

　給与その他の給付に関する処分についての審査請求は、法律に特別の定めがある場合（地公法46～51の2等）を除くほか、長が処分庁の最上級行政庁でない場合においても、長に対して行う必要があります（法206①）。その場合、審査請求が適法であるときは、議会に諮問した上で裁決しなければなりません（同条②）。

　この審査請求の仕組みは、次の項目でも同様です。
　ア　分担均等の徴収に対する処分についての審査請求（法229、問36）
　イ　賠償命令についての審査請求（法243の2の2⑪～⑬、問44）
　ウ　公の施設を利用する権利に関する処分についての審査請求（法244の4、問45）

■給与に関する処分に対する審査請求

（注）審査請求が不適法で却下したときは、長はその旨を議会に報告しなければなりません（法206④）。

## ポイント3 出頭した選挙人等の実費弁償

　出頭した選挙人（例：直接請求における署名の効力を決定する場合など）、その他の関係人に、条例の定めるところにより、**実費弁償**をする必要があります（法207）。

## Question

　地方自治法に規定する普通地方公共団体の予算に関する記述として、妥当なのはどれか。

1　会計年度独立の原則とは、各会計年度における歳出は、その年度の歳入をもってこれに充てなければならないとする原則であり、普通地方公共団体の会計年度は、毎年4月1日に始まり、翌年5月31日に終わるものとされている。

2　単一予算主義とは、普通地方公共団体のすべての収入及び支出を単一の予算に計上して、一つの会計により経理しなければならないとする原則であり、特別会計・補正予算もこの例外ではないとされる。

3　暫定予算とは、予算の調製後に生じた事由に基づいて、既定予算に過不足を生じた場合に、既定予算を変更して調製される予算である。

4　普通地方公共団体の長は、条例その他議会の議決を要すべき案件があらたに予算を伴うこととなるものであるときは、必要な予算上の措置が適確に講ぜられることとなるまでの間は、これを議会に提出してはならない。

5　特別会計のうち、事業経費を主として、その事業の収入をもって充てるもので条例で定めるものについては、長は、業務量の増加により経費が不足した場合に、増加分の収入を当該経費に使用することができる。

# **A**nswer

　まず、予算の基礎知識を確認しておきましょう。

　予算の調製、議案提出権は、長の権限です（法149⑵、211①）。議員に予算の提出権はありません（法112①但書）。あるのは修正権です。

　予算に関する原則は、例外とともによく出題される問題です。中でも、会計年度独立の原則がよく出ます。

1　誤り。会計年度は、毎年4月1日に始まり、翌年3月31日に終わります（法208）。なお、4月1日から5月31日までを出納整理期間といいます。

2　誤り。前半の単一予算主義の記述は正しいですが、特別会計・補正予算は、単一予算主義の例外になります。

3　誤り。この記述は補正予算の記述になっています。暫定予算は、必要に応じて一定期間に係るつなぎ予算であり、本予算が成立したときに失効します（法218③）。

4　誤り。**適確に講ぜられる見込み**が得られることで足ります。「適確に講ぜられる見込み」とは、関係予算案が議会に提出されたときのことをいいます（通知昭31・9・28）。

5　正しい。弾力条項の記述です（法218④）。弾力条項は、予算にない支出を認めるものですが、独立採算制をとる特別会計において、予算が不足した場合に柔軟性をもたせた制度です。

**正解**　5

## ポイント ❶ 予算に関する原則には例外がある

次表で、予算の原則と例外をセットにして覚えましょう。

■予算の原則と例外の分担

| 原則 | 説明 | 例外 |
|---|---|---|
| **会計年度独立の原則**<br>（法208） | 各会計年度（4/1～翌3/31）における歳出は、その年度の歳入をもって充てること | ① 継続費の逓次繰越<br>② 繰越明許費<br>③ 事故繰越<br>④ 歳計剰余金の繰入<br>⑤ 過年度収入・支出<br>⑥ 翌年度歳入の繰上充用 |
| **単一予算主義の原則** | 一会計年度における一切の収入・支出は、単一の予算に計上して一会計の下に経理すること | ① 別個の予算<br>・特別会計予算<br>・暫定予算<br>② 調製時期が別なもの<br>補正予算 |
| **総計予算主義の原則**<br>（法210） | 一会計年度における一切の収入・支出は、すべて歳入歳出予算に編入すること | ① 一時借入金<br>② 歳計剰余金の基金への編入<br>③ 基金の管理 |
| **予算の事前議決の原則**<br>（法211①） | 長は、毎会計年度、予算を調製し、年度開始前に、議決を経ること | 原案執行予算 |

なお、長は、議長から予算の送付を受けた場合は、住民に予算の要領を公表しなければならないとする**予算公開の原則**があります（法219②）。

## ポイント **2** 予算の種類を区分、時期、事情で整理

予算の種類とその説明は次のようにまとめられます。

### ■さまざまな予算の姿

| 会計区分<br>(法209) | 一般会計 | 一般会計に属する予算（基本） |
|---|---|---|
| | 特別会計 | 特定の事業を行う場合、その他特定の歳入をもって特定の歳出に充て、一般の歳入歳出と区分して経理する必要がある場合に、**条例**で設置 |
| 調製時期 | 本予算 | 当初予算、通常予算ともいう |
| | 補正予算<br>(法218①) | 予算の調製後に生じた事由により、既定の予算を変更する予算 |
| 成立事情 | 暫定予算（法218②、③） | 必要に応じて一定期間に係るつなぎ予算。本予算が成立したときに失効 |
| | 原案執行予算<br>(法177②) | 義務費の削除・減額の議決を再議に付しても、再議決された場合は、その義務費（原案）を予算に計上できる |

なお、新たな予算を伴う場合には制限があります。規則制定の場合は、より厳しいことに注意してください（法222）。

　ア　議決案件（条例含む）が、新たに予算を伴う場合

　　→　長は、必要な予算上の措置が**適確に講ぜられる見込み**が得られるまでは、議会に提出不可

　イ　規則等の制定・改正が新たに予算を伴う場合

　　→　長、委員会、委員等は、必要な予算上の措置が**適確に講ぜられる**までは、制定・改正不可

## Question

　地方自治法に規定する継続費、繰越明許費、債務負担行為又は予備費に関する記述として、妥当なのはどれか。

1　継続費の毎会計年度の年割額に係る歳出予算の経費の金額のうち、その年度内に支出を終わらなかったものは不用額となり、当該継続費の継続年度の終わりまで逓次繰り越して使用することはできない。

2　債務負担行為とは、歳出予算の経費のうち、その性質上又は予算成立後の事由に基づき年度内にその支出の終わらない見込みのあるものは、予算の定めるところにより、翌年度以降にわたって使用することをいう。

3　債務負担行為として予算で定めなければ、普通地方公共団体は、翌年度以降にわたり、電気、ガス若しくは水の供給又は電気通信役務の提供を受ける契約を締結することができない。

4　繰越明許費として翌年度に繰り越して使用しようとする歳出予算の経費については、当該経費に係る歳出に充てるために、必要な金額を当該年度から翌年度に繰り越さなければならない。

5　特別会計には、予算外の支出又は予算超過の支出に充てるため、予備費を計上しなければならない。

# **A**nswer

　継続費、繰越明許費、事故繰越しは、会計年度独立の原則の例外です。これらを会計年度に含めたり、それぞれの定義を混同して出題されることがあるので、その定義をしっかりと把握しましょう。

　電気・ガスの供給など長期継続契約は、債務を負担する行為ですが、定例的に行われるものであるため、債務負担行為として予算に定める必要はないことに留意しましょう。

1　誤り。年度内に支出を終わらなかったものは、不用額となり、翌年度に使用することはできません。しかし、継続費については、毎会計年度の年割額に係る歳出予算の経費の金額のうち、その年度内に支出を終わらなかったものは、当該継続費の継続年度の終わりまで逓次繰り越して使用することができます。この場合に、長は、翌年度の５月31日までに継続費繰越計算書を調製し、次の会議において議会に報告する必要があります（令145①）。

2　誤り。問題文は、繰越明許費の説明になっています（法213）。

3　誤り。翌年度以降にわたり、電気、ガス若しくは水の供給又は電気通信役務の提供を受ける契約を締結するには、本来は債務負担行為として予算で定める必要があります。しかし、このような契約は、定例的なものですから、特例として予算に定める必要はなく、長期継続契約を結べることにしています（法234の３）。

4　正しい（令146①）。財源が用意されている事業について翌年度に繰越しを行うため、当然翌年度において執行するために必要な金額をつけて繰り越すべきことを明示したものです。

5　誤り。特別会計には、予備費を計上しないことができます（法217①）。

**正解**　**4**

# 35 重要ポイント

## ポイント❶ 会計年度独立の原則とその例外

普通地方公共団体の会計年度は、毎年4月1日に始まり、翌年3月31日に終わります（法208①）。各会計年度における歳出は、その年度の歳入をもってこれに充てなければなりません（同条②）。これを「会計年度独立の原則」といいます。しかし、この原則を貫徹することで適切な財政運営に支障が生じると困るので、次表の例外措置等が設けられています。

■会計年度独立の原則の例外措置

| 種類 | 措置の内容 |
|---|---|
| 継続費<br>（法212） | 事業の履行に**数年度**を要するもの。予算に、その経費の総額を定め、数年度にわたり支出可能 |
| 繰越明許費<br>（法213） | 歳出予算の経費のうち、その性質上又は予算成立後の事由により年度内にその支出の終わらない見込みのあるもの。予算で定めて、翌年度に繰り越して使用可能 |
| 事故繰越し<br>（法220③但書） | 年度内に支出負担行為をし、避けがたい事故のために年度内に支出できなかった経費。翌年度に使用可能。<br>**予算に定める必要なし** |

## ポイント❷ 債務負担行為は予算で別に定める

債務負担行為は、普通地方公共団体が将来にわたる債務を負担する行為で、予算に定める必要があります。この債務負担行為は、予算で別に定めることから、「歳出予算の金額」「継続費の総額」「繰越明許費の金額」を除きます（法214）。

例えば、複数年度で公共施設の建設を行う場合に、初年度に請負契約を締結し、翌年度以降に支払う債務負担額を予算に明記します。

次年度以降の支出については、その年度毎に歳出予算に計上する必要があります。

## ポイント❸ 長期継続契約は債務負担行為とする必要なし

翌年度以降にわたる次の契約（長期継続契約）については、債務負担行為として予算に定める必要はありません（法234の3）。このような契約は本来は債務負担行為となるものですが、定例的なものですから特例として予算に定める必要はないとしたものです。長期継続契約は以下、ア〜エの通りです。

　ア　電気・ガス・水の供給契約

　イ　電気通信役務の提供を受ける契約

　ウ　不動産を借りる契約

　エ　その他政令で定める契約

長期継続契約を締結した場合は、各年度におけるこれらの経費の予算の範囲内においてその給付を受ける必要があります。

## ポイント❹ 予備費は歳入歳出予算に計上

予備費は、**予算外の支出**又は**予算超過の支出**に充てるための経費です。これは歳入歳出予算に計上する必要があります（法217①）。

特別会計には、予備費を計上しないことができます（同項但書）。

また、議会の否決した費途に予備費を充てることはできません（同条②）。

## Question

　地方自治法に規定する分担金、使用料、加入金及び手数料に関する記述として、妥当なのはどれか。

1　手数料は、数人又は普通地方公共団体の一部に対し利益のある事件に関し、その必要な費用に充てるため、当該事件により特に利益を受ける者から、その受益の限度において、徴収することができる。

2　使用料は、行政財産の目的外使用又は公の施設の利用に対し、その反対給付として徴収されるものであるので、普通地方公共団体は普通財産の貸付について私法上の契約による賃貸料を徴収することはできない。

3　加入金は、旧慣により使用権の認められた公有財産につき新たにその使用を許可される者に対し、その特権的な使用の対価として徴収されるものなので、その徴収につき審査請求をすることはできない。

4　詐欺その他不正の行為により、分担金、使用料、加入金又は手数料の徴収を免れた者については、規則でその徴収を免れた金額の5倍に相当する金額以下の罰金を科する規定を設けることができる。

5　分担金、使用料、加入金及び手数料などの歳入を納期限までに納付しない者があるときは、普通地方公共団体の長は、期限を指定して督促しなければならない。

# **A**nswer

普通地方公共団体が賦課徴収できる収入は、次表のものがありますが、よく出題される問題は、分担金、使用料、加入金及び手数料です。それぞれの特色と、どのような場合に徴収するのかを確認してください。

| 収入 | 根拠法令 |
|---|---|
| 地方税 | 地方税法、条例 |
| 分担金、使用料、加入金、手数料 | 条例 |
| 地方債 | 地方財政法 |

1　誤り。分担金の記述（法224）になっています。手数料は特定の者のためにする事務について徴収するものです（法227）。

2　誤り。前段の使用料の説明は正しい（法225）ですが、普通財産の貸付について、私法上の契約による賃貸料を徴収することはできます。ただし、これは使用料ではありません。

3　誤り。前段の加入金の記述は正しい（法226）。しかし、その徴収につき審査請求をすることはできます（法229①）。

4　誤り。**条例**でその徴収を免れた金額の5倍に相当する金額以下の**過料**を科する規定を設けることができます（法228③）。

5　正しい（法231の3①）。

**正解**　5

### ポイント❶ 地方税が自主財源の根本

地方税は、地方税法に基づき、条例を定めて、賦課徴収できます（法96⑷、223）。自主財源の大部分がこの地方税によります。

### ポイント❷ 分担金、使用料、加入金、手数料は条例で定める

分担金、使用料、加入金、手数料はすべて徴収の根拠として条例で定めることが必要です（法228）。

| 名称 | 徴収内容 | 例 |
|---|---|---|
| 分担金<br>（法224） | 特定事件の経費に充てるため、その受益者から、その受益の限度において、徴収するもの | 道路工事により著しく利益を受ける場合の負担金 |
| 使用料<br>（法225、226） | ① 行政財産の目的外使用<br>② 公の施設の利用<br>③ 旧慣による公有財産の使用の対価として徴収するもの | 病院診察料、学校授業料、水道料金 |
| 加入金<br>（法226） | 旧慣による公有財産の使用を新たに認められた者から徴収するもの | ―― |
| 手数料<br>（法227） | 特定の者のためにする事務について徴収するもの＊ | 印鑑証明手数料、営業許可申請手数料 |

＊ 全国的に統一して定めることが特に必要であると認められるものとして、政令で定める事務に係る手数料があります。この手数料については、標準的な金額が政令で定められ、それに従い、条例で定めます（法228①）。

詐欺その他不正の行為により、分担金等の徴収を免れた者には、条例でその徴収を免れた金額の５倍の金額以下の過料を科する規定を設けることができます。それ以外の行為には、条例で５万円以下の過料を科する規定を設けることができます（法228②、③）。

分担金等の徴収に関する処分についての審査請求は、長が処分庁の最上級行政庁でない場合においても、長に対して行う必要があります（法229①）。その場合、審査請求が適法であるときは、議会に

諮問した上で裁決しなければなりません（同条②）。

■分担金等の徴収に対する処分についての審査請求

（注）審査請求が不適法で却下したときは、長はその旨を議会に報告しなければなりません（法229④）。

## ポイント❸ 地方債は予算で定める

予算の定めるところにより、地方債を起こすことができます。起債の目的、限度額、起債の方法、利率、償還の方法は、予算で定める必要があります（法230）。地方債は、借入金で、償還が一会計年度を超えて行われるものです。

## ポイント❹ 収入手続と私人の公金取扱いの制限

歳入を収入するときは、長は調定し（行政内部の意思決定）、納入義務者に対して納入の通知をする必要があります（法231）。収入は、現金によることが原則ですが、証紙、口座振替等の方法があります（法231の２）。

公金の徴収・収納・支出の権限を私人に委任し、又は私人に行わせることはできませんが、次の場合は可能となります（法243、243の2）。

① 法令に特別の定めがある場合
② 長が、公金の徴収・収納・支出に関する事務を法243の2の規定により委託する場合（令6・4・1施行）

## Question

地方自治法に規定する普通地方公共団体の支出に関する記述として、妥当なのはどれか。

1 支出命令は、支出負担行為を会計年度最終日の3月31日までに行う必要があるので、出納整理期間中は発することができない。

2 資金前渡は、金額の確定した債務について、職員に概括的に資金を交付して現金支払いをさせることをいう。

3 前金払は、債務が発生しているが、債務金額が未確定なものについて事前に概算額を債権者に対して支払うことをいう。

4 概算払は、債権者及び債権金額が未確定の場合に、債務金額の確定前に概算で支出し、債務金額が確定後に清算することをいう。

5 金融機関を指定している普通地方公共団体における支出は、現金の交付に代え、当該金融機関を支払人とする小切手を振り出し、又は公金振替書を当該金融機関に交付することが原則である。

# **A**nswer

　この設問にもあるように、支出の原則とその例外、例外における支払方法とその内容が正しいかどうかを問う設問がよく出題されます。それぞれの名称と内容を解説で整理して覚えましょう。

1　誤り。支出命令は、支出負担行為が法定されたので、当該会計年度経過後、出納整理期間中（4月1日から5月31日まで）も発することができます（通知昭38・12・19）。

2　誤り。資金前渡は、債権金額が確定し債権者が未確定な場合又は債権金額、債権者ともに未確定な場合に、職員に概括的に資金を交付して現金支払いをさせることです。遠隔の地で支払いをする場合等に採用されます。金額の確定した債務だけではなく、金額が未確定な場合でもできます（令161）。

3　誤り。前金払とは、**金額の確定した債務**について、相手の義務履行前又は給付すべき時期の到来前に支払うことです（令163）。

4　誤り。概算払とは、**債権者が確定**している場合に、債務金額確定前に、概算で支出し、債務金額が確定後に清算することです（令162）。

5　正しい（法232の6①）。ただし、小切手を振り出す場合において、債権者から申出があれば、会計管理者は、自ら現金で小口の支払いをし、または当該金融機関に現金払いさせることができます（同項但書）。

**正解　5**

### ポイント❶ 自治体の経費の支弁

　普通地方公共団体は、次の経費を支弁します（法232①）。

① 普通地方公共団体の事務処理をするために必要な経費

② 法令により普通地方公共団体の負担に属する経費

### ポイント❷ 寄附・補助ができる

　普通地方公共団体は、公益上必要な場合、寄附・補助をすることができます（法232の2）。

　この規定に基づき、町会・自治会等に補助しています。

### ポイント❸ 支出の方法と決まり

　会計管理者は、長の支出命令を受けた後、次の2つを確認した上でなければ支出できません（法232の4）。

① 支出負担行為が**法令・予算に違反していないこと**

② 支出負担行為にかかる**債務が確定していること**

　なお、**支出負担行為**とは、支出の原因となるべき契約その他の行為のことです（法232の3）。

■支出の流れ

## ポイント④ 支出の原則と6つの特例

支出は、債権者のために行います（法232の5）。すなわち、

① **債務金額が確定**していること

② 支払いの**期限が到来**していること

③ 支払の**相手方が債務者**であること

が原則です。

しかし、債権者の便宜等を考慮して、次の支払方法があります（法232の5、令161～165の2）。

### ■6つの支出の特例

| 支払方法 | 内容 |
|---|---|
| **資金前渡**<br>（令161） | 債権金額が確定し**債権者が未確定**な場合又は**債権金額、債権者ともに未確定**な場合に、職員に概括的に資金を交付して現金支払いをさせること |
| **概算払**<br>（令162） | 債権者が確定している場合に、**債務金額の確定前に**、概算で支出し、債務金額が確定後に清算すること |
| **前金払**<br>（令163） | 金額の確定した債務について、相手の**義務履行前又は給付すべき時期の到来前**に支払うこと |
| **繰替払**<br>（令164） | 地方税の報奨金などそれぞれの歳入金から**一時繰り替えて**使用すること |
| **隔地払**<br>（令165） | **隔地の債権者に支払場所を指定**し、指定金融機関に必要な資金を交付して送金の手続きをさせること |
| **口座振替**<br>（令165の2） | 長が定める指定金融機関等に預金口座を設けている債権者からの申出により、その**口座に振り替えて**支出すること |

（注）上記太字の個所が、各支出の特例の一番の特色です。

## Question

　地方自治法に規定する普通地方公共団体の決算に関する記述として、妥当なのはどれか。

1　会計管理者は、毎会計年度、決算を調製し、出納閉鎖後3ヵ月以内に、証書類その他政令で定める書類と併せて、当該普通地方公共団体の監査委員に提出しなければならない。

2　普通地方公共団体の長は、監査委員の審査に付した決算を監査委員の意見を付けて次の通常予算を議する会議までに議会の認定に付さなければならないが、議会は決算を認定しないことができ、認定されなくても決算の効力に影響はない。

3　各会計年度の決算において剰余金を生じたときは、翌年度歳入に編入しなければならず、その剰余金を翌年度に繰り越さずに基金に編入することは一切認められていない。

4　市町村長は、決算認定後に当該決算に誤りがあり、その結果、決算金額に異動を生じる場合でも、決算内容を修正し、議会の再認定に付することはできない。

5　市町村長が決算の議案を翌年度の通常予算を審議する当該市町村の議会に同時に提出することは、違法である。

# **A**nswer

　決算調製から決算認定に至るまで、会計管理者、長、議会と当事者が変わっていきながら、手続きを経ていきます。

　各当事者の次の役割を把握しましょう。

| 会計管理者 | 長 | 議会 |
|---|---|---|
| 決算を調製し、長に提出 | 監査委員へ決算審査付議<br>議会へ決算認定付議 | 決算の認定<br>（議決） |

1　誤り。会計管理者は、毎会計年度、決算を調製し、出納閉鎖後
　　3ヵ月以内に、証書類その他政令で定める書類と併せて、当該普
　　通地方公共団体の**長**に提出しなければなりません（法233①）。

2　正しい（行実昭31・2・1）。

3　誤り。各会計年度の決算において剰余金を生じたときは、翌年
　　度歳入に編入することが原則ですが、条例の定めるところによ
　　り、または議会の議決により、基金に編入することができます
　　（法233の2）。

4　誤り。再認定することが可能です（行実昭28・7・7）。

5　誤り。市町村長が決算の議案を翌年度の通常予算を審議する当
　　該市町村の議会に同時に提出することは、違法ではありません
　　（行実昭29・3・9）。

**正解**　　2

### ポイント❶ 決算の手続きの流れ

決算は、次のように手続きがなされます（法233）。

■決算の手続きの流れ

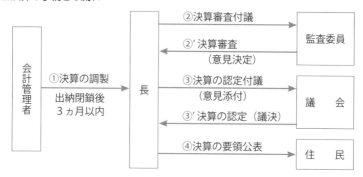

① 決算調製

会計管理者は、毎会計年度、決算を調製し、出納閉鎖（5月31日）後3ヵ月以内に、証書類その他政令で定める書類と併せて、長に提出しなければなりません（法233①）。決算は、歳入歳出予算について調製します（令166）。

② 決算審査付議・決算審査

長は、決算及び提出された書類を監査委員の審査に付さなければなりません（法233②）。監査委員は、意見を決定（合議によること）し、長に送ります。

③ 決算認定付議・決算認定

長は、決算及び主要施策の成果を説明する書類等を、監査委員の意見を付けて、次の通常予算を議する会議までに、議会の認定に付さなければなりません（同条③）。

④ 決算の要領公表

長は、議会の認定を受けた後、決算の要領を住民に公表しなけ

ればなりません（同条⑥）。また、長は、決算の認定議案が否決された場合に、議決を踏まえて必要と認める措置を講じたときは、その内容を議会に報告し、公表しなければなりません（同条⑦）。

## ポイント❷ 自治法で定められた現金の取扱い

現金に関しては自治法上で、指定金融機関の指定やその内容が定められています。

① 指定金融機関

公金の収納又は支払の事務を取り扱わせるため、都道府県は、金融機関を指定する**義務**があります（法235①）。市町村においては、指定は、**任意**です（同条②）。なお、指定には、議会の議決が必要です（令168）。

② 監査委員

必要があると認めるとき又は長の要求があるときは、監査委員は指定金融機関が取り扱う収納又は支払の事務について監査できます（法235の2②）。そして、その結果を議会及び長に提出する必要があります（同条③）。

③ 一時借入金

長は、一時的に現金が不足した場合は、一時借入金を借りることができます（法235の3①）。借入の最高額を予算で定め、当該年度の歳入により償還する必要があります（同条②、③）。

④ 歳計現金（歳入歳出に属する現金）

歳入歳出現金は、指定金融機関その他の確実な金融機関への預金その他の最も確実かつ有利な方法によって保管する必要があります（法235の4①、令168の6）。

なお、歳入歳出外現金は、入札保証金や公営住宅敷金など普通地方公共団体の所有に属さない現金又は有価証券で、法令の規定によるものでなければ保管できません（法235の4②）。

# Question

　地方自治法に規定する契約に関する記述として、妥当なのはどれか。

① 　指名競争入札は、競争入札に付し入札者がいないとき、又は再度の入札に付し落札者がいないときにすることができる。

② 　一般競争入札又は指名競争入札に付する場合においては、最高又は最低の価格をもって申し込みをした者が契約の相手方となる。

③ 　普通地方公共団体が契約につき契約書を作成する場合においては、承諾の意思表示となる落札者が決定したときに契約が確定する。

④ 　普通地方公共団体が工事又は製造その他についての請負を締結した場合は、当該普通地方公共団体の職員は、契約の適正な履行を確保するため必要な監督又は検査をしなければならない。

⑤ 　普通地方公共団体は、数年度にわたり不動産を借りる契約を締結する場合には、予算で債務負担行為として定めておかなければならない。

# Answer

　契約は一般競争入札が原則で、政令で定める場合に限り、指名競争入札、随意契約、せり売りの方法ができることを押さえておきましょう（せり売りは、実際にはほとんど使われません。解説参照）。

| 一般競争入札<br>（原則） | ・最も公開性が高い<br>・劣悪な業者が落札するおそれがある |
| 指名競争入札 | ・一般競争入札よりも手続きが簡素<br>・劣悪な業者を排除しやすい　・談合のおそれがある |
| 随意契約 | ・手続きが最も簡素　・契約の不履行の懸念が少ない<br>・公正さに欠ける |

1　誤り。競争入札に付し入札者がいないとき、再度の入札で落札者がいないときは、随意契約ができます（令167の2①(8)）。指名競争入札は、政令で定める場合に限り可能です（法234②）。

2　誤り。競争入札（一般、指名とも）では、**予定価格の制限範囲内で**、原則として最高又は最低の価格で申し込みをした者を契約の相手方とします（法234③）。最高（最低）予定価格の制限は、法外な価格での落札を防ぐためです。

3　誤り。一般法である民法では、契約書の作成は契約成立の要件ではありません（民法522②）。しかし、普通地方公共団体が契約につき契約書を作成する場合は、その長又はその委任を受けた者が、契約の相手方とともに契約書に記名押印したときに契約が確定します（法234⑤）。

4　正しい（法234の2①）。

5　誤り。電気、ガス、水の供給、電気通信、不動産の契約等、翌年度にわたる契約を締結することができます（法234の3）。この場合には、債務負担行為として議会の議決は不要です。

**正解**　4

### ポイント**❶** 一般競争入札が原則

　契約は、公正・機会均等の理念、経済性の確保の観点から、一般競争入札が原則です。政令で定める場合に限り、指名競争入札、随意契約、せり売りの方法ができます（法234①、②）。

　一般競争入札とは、資格を有する**不特定多数の者**に入札させ、最も有利な条件を提供した者との間に契約を締結する方式です。

### ポイント**❷** 指名競争入札は特定多数

　指名競争入札（令167）とは、資力信用のある**特定多数**を選んで入札させ、最も有利な条件を提供した者との間に契約を締結する方式です。
次の場合にできます。

　ア　契約の性質・目的が一般競争入札に適さないとき
　イ　入札参加者が一般競争入札に付す必要がないほどに少数であるとき
　ウ　一般競争入札に付すことが不利と認められるとき

### ポイント**❸** 随意契約は要件が厳しい

　随意契約（令167の2）とは、競争を行わず、任意に特定の者を選んで契約を締結する方式です。

　この方法は他の方法に比べて公正さに欠けることから、次のように要件が厳しくなっています。

　ア　予定価格が規則で定めた額を超えないとき
　イ　契約の性質又は目的が競争入札に適しないとき
　ウ　緊急の必要により競争入札に付することができないとき
　エ　競争入札に付することが不利と認められるとき
　オ　競争入札に付し、又は再度の入札で落札者がいないとき
　カ　落札者が契約しないとき　　　など

## ポイント**④** せり売りは口頭での競争

せり売り（令167の３）とは、契約価格について多数の者を口頭で競争させ、最も有利な条件を申し出た者との間に契約を締結する方式です。

## ポイント**⑤** 落札者が契約の相手方となる

競争入札（一般、指名とも）では、予定価格の制限範囲内で、最高又は最低の価格で申し込みをした者を契約の相手方とします（法234③）。ただし、請負など支出の原因となる契約については、最低価格で入札した者以外の者を契約の相手方とすることができます（同項但書）。最低制限価格を設定したときや総合評価方式を採用したときなどです（令167の10、167の10の２）。

**入札保証金**を納付させた場合は、落札者が契約を締結しないときは、当該普通地方公共団体に帰属します（同条④）。

## ポイント**⑥** 契約確定の時期は記名押印したとき

契約書の作成は、長（委任を受けた者）が、契約の相手方とともに**記名押印したとき**に、確定します。契約内容を記録した電磁的記録の作成は、**必要な措置を講じたとき**に確定します（法234⑤）。

## ポイント**⑦** 職員による契約の履行の確保

工事、製造その他についての請負契約又は物件買入れその他の契約を締結した場合、職員は、契約の適正な履行を確保するため必要な監督、検査をする必要があります（法234の２①）。

契約保証金を納付させた場合に、相手方が契約上の義務を履行しないときは、契約保証金は当該普通地方公共団体に帰属します（同条②）。

## Question

地方自治法に規定する普通地方公共団体の公有財産に関する記述として、妥当なのはどれか。

1. 普通地方公共団体の長は、公有財産の効率的運用を図るため、当該普通地方公共団体の委員会に対し、当該委員会の所掌に属する公有財産の管理について報告を求めることはできるが、実地調査をすることはできない。

2. 普通地方公共団体は、行政財産である土地を政令で定める法人が経営する鉄道の用に供する場合、その土地が行政財産である限り、その者のために地上権を設定することはできない。

3. 行政財産は、その用途又は目的を妨げない限度において、その使用を許可することができ、その許可を受けてする行政財産の使用については、借地借家法の規定が適用される。

4. 普通財産を貸し付けた場合は、その貸付期間中に国において公共用に供するための必要が生じたときでも、普通地方公共団体の長は、その契約を解除することができない。

5. 普通地方公共団体は、政令で定める法人と行政財産である土地の上に一棟の建物を区分して所有する場合には、その用途又は目的を妨げない限度において、その法人に当該土地を貸し付けることができる。

# **A**nswer

　財産は、次の①～④に区分でき、さらに各財産とよく出題される事項とを関連させると、以下のような対応関係になります。

①　公有財産 { 行政財産　→　貸付け不可（例外が２つある）
普通財産　→　貸付け可能。ただし、条例又は議決が必要な行為が３つある

②　物品　→　長の通知により会計管理者が出納

③　債権　→　公法上の金銭債権は時効５年。権利の放棄は議会の議決が必要

④　基金　→　管理権限は長だが、現金や有価証券の保管は会計管理者の権限。現金基金運用益や経費は歳入歳出予算に計上

1　誤り。長は、委員会に対し、当該委員会の所掌に属する公有財産の管理について報告を求めるとともに、実地調査をすることもできます（法238の２①）。

2　誤り。行政財産である土地を政令で定める法人が経営する鉄道の用に供する場合、その者のために地上権を設定することができます（法238の４②(5)）。

3　誤り。行政財産は、その用途又は目的を妨げない限度において、その使用を許可することができますが、その許可を受けてする行政財産の使用については、借地借家法の規定の適用はありません（同条⑦、⑧）。

4　誤り。普通財産を貸し付けた場合に、その貸付期間中に公共用に供するため必要が生じたときは、長は、その契約を解除することができます（法238の５④）。

5　正しい（法238の４②(3)）。

**正解　5**

### ポイント**❶** 行政財産と普通財産の区別

公有財産とは、次のものです（基金に属するものを除く）（法238
①）。

① 不動産

② 船舶、浮標、浮桟橋、浮ドック、航空機

③ ①、②に掲げる不動産及び動産の従物

④ 地上権、地役権、鉱業権、これらに準ずる権利

⑤ 特許権、著作権、商標権、実用新案権、これらに準ずる権利

⑥ 株式、社債、地方債、国債、これらに準ずる権利

⑦ 出資による権利

⑧ 財産の信託の受益権

公有財産は、行政財産と普通財産に分類されます（法238③、④）。

ア 行政財産 → 公用財産（国や地方公共団体の公用に供されるも
の、市庁舎など）

公共用財産（一般市民の利用に供されるもの、公
園、学校など）

イ 普通財産 → **行政財産以外の一切の公有財産**

### ポイント**❷** 行政財産、普通財産で異なる財産の処分

**行政財産**は、公用又は公共用に供する財産ですので、原則として
貸付、交換、売払い、譲与、出資目的、私権設定、信託（「貸付
等」）はできません（法238の4①）。これに違反する行為は、**無効で
す**（同条⑥）。

例外その1として、6項目について、用途又は目的を妨げない限
度で**貸付又は私権設定**が可能です（法238の4①、②）。

また、例外その2として、用途又は目的を妨げない限度で使用を
許可（**目的外使用許可**）することができます（同条⑦）。市役所内

で、市民、職員の利便性向上のため、食堂として使用することを許可することなどが例として挙げられます。目的外使用許可では、借地借家法の適用はありません（同条⑧）。

**普通財産**は、公用又は公共用に供していませんので、私人が保有する財産と同様に、原則として、貸付等の活用ができます（法238の5①、②）。

|  | 原則 | 例外 |
|---|---|---|
| 行政財産 | **貸付等不可** | ・用途又は目的を妨げない限度で、6項目について、**貸付**又は**私権設定**が可能<br>・用途又は目的を妨げない限度で**目的外使用許可**は可能 |
| 普通財産 | **貸付等可能** | 次の行為は条例又は議決が必要（法237②）<br>ア 交換<br>イ 出資目的、支払手段での使用<br>ウ 適正な対価のない譲渡、貸付 |

### ポイント❸ 公有財産の貸付の解除ができる

公有財産（行政財産、普通財産）を貸し付けた場合に、貸出期間中に、公用又は公共用に供する必要を生じたときは、長は、その契約を解除することができます。また、借受人は、解除によって生じた損失の補償を求めることができます（法238の4⑤、238の5④、⑤）。

### ポイント❹ 公有財産に係る職員の行為の制限

公有財産に関する事務の従事職員は、その取扱いに係る公有財産を譲り受け、または自己の所有物と交換できません（法238の3）。

## Question

地方自治法に規定する物品、基金に関する記述として、妥当なのはどれか。

1　物品とは、普通地方公共団体の所有に属する動産のことであり、公有財産に属する動産や現金に代えて納付される証券は物品に含まれるが、現金は含まれない。

2　物品の出納は、会計管理者の権限であり、会計管理者は、普通地方公共団体の長の通知がなくても、物品を出納することができる。

3　基金の管理権者は普通地方公共団体の長であるが、基金に属する現金及び有価証券の出納及び保管は、会計管理者の権限である。

4　基金管理規則で基金の運用益は基金に編入すると規定した場合、基金の運用から生ずる収益は、歳入歳出予算に計上しなくても、基金に編入することができる。

5　特定目的のために財産を維持し、資金を積み立てるための基金を設けた場合においては、会計管理者は、毎会計年度、その運用の状況を示す書類を作成し、これを監査委員の審査に付さなければならない。

# **A**nswer

　よく出題される問題は、基金に関する管理権限です。

　基金の管理権者は普通地方公共団体の長で（法149⑹）、基金に属する現金及び有価証券の出納及び保管は、会計管理者の権限です（法170②⑴、⑶）。まずは、そこをしっかり押さえましょう。

1　誤り。現金に代えて納付される証券は物品に含まれません（法239①）。また、普通地方公共団体が使用のために保管する動産は物品です。

2　誤り。長の通知がなければ、物品を出納することはできません（令170の３）。

3　正しい。基金の管理権者は普通地方公共団体の長です（法149⑹）。また、基金に属する現金及び有価証券の出納及び保管は、会計管理者の権限です（法170②⑴、⑶）。

4　誤り。基金の運用から生ずる収益、基金の管理に要する経費は、それぞれ毎会計年度の歳入歳出予算に計上する必要があります（法241④）。また、基金の管理については、規則ではなく、条例を設ける必要があります（同条⑧）。

5　誤り。**運用基金を設けた場合**においては、**長**は、毎会計年度、その運用の状況を示す書類を作成し、これを監査委員の審査に付し、監査委員の意見を付けて議会に提出する必要があります（同条⑤）。

**正解　3**

### ポイント① 自治法上の物品の定義と取扱い

物品とは、次のものです（法239①）。

ア　普通地方公共団体の所有に属する動産（現金、現金に代えて納付される証券、公有財産、基金を除く）

イ　普通地方公共団体が使用のために保管する動産（所有していないもの）

長の通知がなければ、物品を出納することはできません（令170の3）。

物品の事務従事職員は、その取扱いに係る物品（政令で定める物品を除く）を譲り受けることはできません。違反行為は無効です（法239②、③）。

### ポイント② 長による債権の取扱い

債権とは、金銭の給付を目的とする普通地方公共団体の権利です（法240①）。

長は、債権について、督促、強制執行その他保全、取立てに関し必要な措置をとる必要があります（同条②）。また、長は、債権について、徴収停止、履行期限の延長、債務の免除をすることができます（同条③）。

公法上の金銭債権については、財政収支を短期間に確定する等の理由から、消滅時効は、他の法律に定めがあるものを除き**5年間**と定め、時効の**援用を不要**としています（法236①、②）。また、納入の通知、督促は、時効更新の効力を有します（同条④）。

### ポイント③ 基金は、積立基金と運用基金の2種類

基金は、特定の目的のために設置するもので次の2種類があります。設置には、**条例**を定めることが必要です（法241①）。

　ア　**積立基金** → 財産を維持し、資金を積み立てる基金

　イ　**運用基金** → 定額の資金を運用するための基金

　基金は条例で定める特定の目的に応じ、確実かつ効率的に運用する必要があります（同条②）。財産を取得し、または資金を積み立てるための基金を設けた場合は、当該目的のためでなければ処分できません（同条③）。

　基金の運用から生ずる収益、基金の管理に要する経費は、それぞれ毎会計年度の歳入歳出予算に計上する必要があります（同条④）。この場合、**総計予算主義の原則**が適用されます。

　運用基金を設けた場合は、長は、毎会計年度、その運用の状況を示す書類を作成し、これを監査委員の審査に付し、監査委員の意見を付けて、議会に提出する必要があります（同条⑤）。

　また、基金の管理、処分については、**条例**で定める必要があります（同条⑧）。

　なお、歳計剰余金については、翌年度に歳入に編入することが原則ですが、条例の定めるところにより、基金に編入することができます（法233の2）。

■**運用基金を設けた場合**

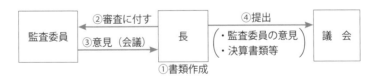

# 住民監査請求、事務監査請求

## Question

地方自治法に規定する住民監査請求に関する記述として、妥当なのはどれか。

① 普通地方公共団体の監査委員は、住民監査請求の監査を行い、請求に理由があると認めるときは、当該普通地方公共団体の長に対し、必要な措置を講ずべきことを勧告しなければならないが、当該勧告の内容を公表する必要はない。

② 普通地方公共団体の住民は、当該普通地方公共団体の長について、違法又は不当な公金の支出があると認めるときは、監査委員に対し監査を請求することができるが、当該住民は、法人ではなく個人に限られる。

③ 監査委員及び外部監査人は、請求に係る当該行為により当該普通地方公共団体に生ずる回復困難な損害を回避するため緊急の必要があり、公共の福祉を著しく阻害するおそれがないなどと認めるときは、執行機関や職員に対して、監査手続が終了するまでの間当該行為の停止を勧告することができる。

④ 最高裁判所の判例では、普通地方公共団体の同一の住民が、当該普通地方公共団体の同一の財務会計上の行為又は怠る事実を対象として、再度の住民監査請求を行うことができるとした。

⑤ 最高裁判所の判例では、普通地方公共団体の概算払による公金の支出についての住民監査請求は、正当な理由がない場合には、当該公金の支出がされた日から1年を経過したときはできないとした。

# **A**nswer

　事務監査請求（直接請求）との違いを、解説で確認して覚えると効率的です。次図では住民監査請求の流れを示しました。

■**住民監査請求の流れ**

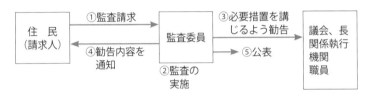

1　誤り。監査委員は、当該勧告の内容を請求人に通知するとともに、これを公表する必要があります（法242⑤）。

2　誤り。住民の範囲は法律上の行為能力が認められている限り法人、個人を問いません（行実昭23・10・30）。なお、事務の監査請求は「選挙権を有する者」として、個人に限られます（法75①）。

3　誤り。監査委員は、自らの判断で当該行為の停止を勧告することを認めています。この場合は、勧告内容を請求人に通知し、公表することを義務付けています（法242④）。勧告の決定については、合議によるものとしています（同条⑪）。しかし、外部監査人には、公共の福祉の判断等をさせることが難しいことから、停止の勧告を外部監査人の権限にはしていません（法252の43⑤）。

4　誤り。再度、住民監査請求をすることはできません（最判昭62・2・20）。

5　正しい。住民監査請求は正当な理由がない限り、当該行為のあった日又は終わった日から1年を経過したときは、することはできません（法242②）。設問については、当該行為の解釈につき判示したものです（最判平7・2・21）。

**正解**　5

### ポイント❶ 住民監査請求の対象と要件

　住民監査請求の対象となる財務会計行為は、次の3つの要件が必要となります（法242①）。

① 　長、委員会、委員、職員の
② 　**違法**又は**不当な**
③ 　次の財務会計に係る「行為」と「怠る事実」

■「行為」と「怠る事実」

| 財務会計に係る「行為」 | ア 公金の支出<br>イ 財産の取得、管理、処分<br>ウ 契約の締結、履行<br>エ 債務その他の義務の負担 |
|---|---|
| 財務会計に係る「怠る事実」 | オ 公金の賦課・徴収を怠る事実<br>カ 財産の管理を怠る事実 |

### ポイント❷ 1人でもできる請求手続

　住民（法人も可）は、監査委員に対し、証する書面を添えて監査を求め、次のことをするために必要な措置を講じることを請求することができます（法242①）。

　ア 　当該行為の防止、是正
　イ 　当該怠る事実を改めること
　ウ 　当該団体がこうむった損害の補填

　請求は正当な理由がない限り、当該行為のあった日又は終わった日から1年を経過したときは、することはできません（同条②）。

　議会は、監査請求があった後に、当該請求に関する損害賠償請求権等の放棄に関する議決（法96①⑩）をしようとするときは、監査委員から意見を聴取しなければなりません（法242⑩、2020〔令2〕・4・1施行）。

## ポイント❸ 事務監査請求と住民監査請求の違い

事務監査請求は直接請求の１つですが、住民監査請求は直接請求ではありません。次表で違いを確認しましょう。

事務監査請求は署名を集めるのが大変なので、あまり利用されず、１人でもできる住民監査請求が多く行われます。

■事務監査請求と住民監査請求の比較

| | 事務監査請求（法75） | 住民監査請求（法242） |
|---|---|---|
| 目的 | 自治行政全般の責任の所在及び行政運営の適否を明らかにする | 具体的な職員の違法・不当な財務会計上の行為を是正する |
| 請求の対象事項 | 地方公共団体の事務全般 | 長その他の機関又は職員の具体的な財務会計上の行為（違法・不当な公金の支出等） |
| 請求人 | 選挙権者の1/50以上の連署により代表者が請求 | 住民であれば１人でも可能（法人も可能） |
| 監査結果の措置 | ・代表者に通知<br>・公表<br>・議会、長、関係執行機関に**報告** | ・請求人に通知<br>・公表<br>・請求に理由があるときは、議会、長、関係執行機関、職員に必要な措置を**勧告** |
| 請求期間 | 期間制限なし | 当該行為があった日（終わった日）から１年以内。ただし、正当理由があれば可能 |
| 監査結果に不服のとき | 出訴できない（民衆訴訟は、法律に定めがある場合に限るため） | 一定の要件で、住民訴訟の提起が可能（法242の２） |

# Question

地方自治法に規定する住民訴訟に関する記述として、妥当なのはどれか。

1 普通地方公共団体の住民は、住民監査請求をした場合において、監査委員の監査の結果に不服があるときは、裁判所に対し、当該住民監査請求に係る違法又は不当な行為について、差止めの請求を提起することができる。

2 普通地方公共団体の住民は、住民監査請求をした場合において、監査委員の監査の結果に不服があるときは、裁判所に対し、当該職員を被告として損害賠償の請求を提起することができる。

3 普通地方公共団体の住民は、住民訴訟を提起し勝訴した場合において、弁護士又は弁護士法人に報酬を支払うべきときは、当該普通地方公共団体に対し、その報酬額の範囲内で相当と認められる額の支払を請求することができる。

4 行政処分の行為の取消しの請求は、当該行為を取り消すことによって人の生命又は身体に対する重大な危害の発生の防止その他公共の福祉を著しく阻害するおそれがあるときは、することができない。

5 普通地方公共団体の住民が提起した住民訴訟が継続しているときでも、当該普通地方公共団体の他の住民は、別訴をもって同一の請求をすることができる。

# **A**nswer

　住民訴訟は、住民監査請求をした住民のみが提起できますが、不当な行為に対してはできないことが重要なポイントです。

　また、住民訴訟は、自分の請求権（例：貸金の返還請求権）を求めて訴える訴訟ではなく、社会的な違法を是正するための客観訴訟（民衆訴訟）です。

　議員の野球大会への公費支出（最判平15・1・17）や玉串料等の靖国神社への奉納（最判平9・4・2）等が住民訴訟により違法と認定されています。

1　誤り。住民訴訟は、違法な行為についてはできますが、不当な行為についてはできません（法242の2①）。

2　誤り。平成14年の法改正前は損害を与えた「当該職員等」を直接訴えることができました。職員個人の違法性を問題にするため、訴訟遂行は職員が（職務ではなく）個人として行う必要があり、職員個人の経費等が問題とされていました。改正後は、「当該職員等」を直接訴えるのではなく、2段構えの訴訟となりました（同条①(4)）（次頁ポイント❷参照）。

3　正しい（同条⑫）。

4　誤り。差止請求（同条①(1)）は、当該行為を差し止めることによって人の生命又は身体に対する重大な危害の発生の防止その他公共の福祉を著しく阻害するおそれがあるときは、請求できません（同条⑥）。しかし、取消しの請求には同様の規定はありません。

5　誤り。住民訴訟が継続しているときは、当該普通地方公共団体の他の住民は、別訴をもって同一の請求をすることができません（同条④）。

**正解**　3

### ポイント❶ 住民訴訟の４類型（１号から４号まで）と要件

　住民訴訟は、**住民監査請求をした者**が、監査の結果、次表Ａとなった場合に、それを不服として、今度は請求に係る**違法な行為**又は**怠る事実**について次表Ｂの訴えを提起するものです（法242の２①）。

---

Ａ　監査の結果
　① 　監査委員の監査結果・勧告に不服があるとき
　② 　議会、執行機関等の措置に不服があるとき
　③ 　監査委員が監査請求があった日から60日以内に監査・勧告を行わないとき
　④ 　議会、執行機関が必要な措置を講じないとき

Ｂ　請求内容（法242の２①の各号に対応）
　１号　執行機関職員に対する行為の全部又は一部の**差止請求**
　２号　行政処分たる行為の**取消し**又は**無効確認請求**
　３号　執行機関・職員に対する**怠る事実の違法確認の請求**
　４号　当該職員又は行為・怠る事実の係る相手方に**損害賠償・不当利得返還の請求を求める請求**

---

　住民訴訟の請求期間は、監査結果又は勧告の通知があった日等から30日以内で不変期間です（同条②、③）。
　訴え先として、**地方裁判所**の管轄に専属します（同条⑤）。

### ポイント❷ いわゆる４号訴訟は２段構えの訴訟

　住民訴訟で一番使われるのが上の表中Ｂの４号、いわゆる４号訴訟です。損害を与えた「当該職員等」を直接訴えるのではなく、前段として、「当該職員等」の監督者に「当該職員等」に損害賠償等の請求を求めるという２段構えの訴訟になっていることに留意してください。右頁の図のように、①〜③のプロセスを経ます。

① 損害賠償等の請求を求める訴訟

　　住民監査請求をした住民は、損害賠償等の請求権を行使できる権限がある執行機関（長を含む）、職員を被告として、財務会計行為に係る「当該職員等」に対する**損害賠償等の請求を求める訴訟**を提起することができます（法242の2①(4)）。

　　この場合には、当該普通地方公共団体の執行機関・職員は、当該職員等に対して、訴訟告知をする必要があります（同条⑦）。

② 損害賠償等の請求

　　この訴訟で住民が勝訴した場合には、長は、判決確定の日から60日以内を支払期限として、「当該職員等」に対して**損害賠償請求**をする必要があります。裁判所に対する訴えではないことに留意しましょう（法242の3①）。

③ ②で支払われない場合の訴訟提起

　　②で支払われないときは、普通地方公共団体は、「当該職員等」を被告として**損害賠償等の請求訴訟**を提起する必要があります（同条②）。長に対し損害賠償等を請求する場合は、代表監査委員が普通地方公共団体を代表します（通常は、長が代表）（同条⑤）。

■**4号訴訟の手続き**

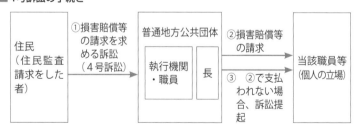

# Question

　地方自治法に規定する職員の賠償責任に関する記述として、妥当なのはどれか。

1　会計管理者の事務を補助する職員、占有動産を保管している職員又は物品を使用している職員が故意又は重大な過失により、その保管に係る有価証券、物品若しくは占有動産又はその使用に係る物品を亡失し、又は損傷したときは、原則として、これによって生じた損害を賠償しなければならない。

2　監査委員は、過失によりその保管する現金を亡失した職員の賠償額の決定に当たり、監査により確定した損害金額から職員の過失の程度により、その一部を減額して賠償額を決定することができる。

3　職員が損害を賠償しなければならない行為をした場合において、当該損害が2人以上の職員の行為によって生じたものであるときは、当該職員は、当該行為が当該損害の発生の原因となった程度に応じて賠償の責めを負うが、それぞれの職分に応じて賠償の責めを負うことは一切ない。

4　監査委員は、普通地方公共団体の長から請求があったときは、職員が当該普通地方公共団体に損害を与えた事実があるかどうかを監査し、賠償責任の有無及び賠償額のみを決定するだけでなく、期限を定めて賠償を命じなければならない。

5　監査委員が職員に賠償責任があると決定した場合において、普通地方公共団体の長は、当該職員からなされた損害が避けることのできない事故その他やむを得ない事情によるものであることの証明を相当と認めるときは、監査委員の同意を得れば、賠償責任の全部又は一部を免除することができる。

# **A**nswer

　職員が、不注意で執務中、机の上のパソコンを壊した場合で、職員の賠償責任の考え方を理解してみましょう。

① 　まず、損害賠償に関する原則（民法709）では、「**故意又は過失**によって他人の権利又は法律上保護される利益を侵害した者は、これによって生じた損害を賠償する責任を負う」ことになります。**過失は、軽過失も含みます。**

② 　自治法243条の2の2は、会計職員と予算執行職員について、**故意又は重過失のときに限定して**、職員の損害賠償の責任を追及します。これは、軽過失の場合まで責任を追及すると職務の遂行が萎縮することを危惧したからです。したがって、パソコンを壊した場合、故意又は重過失があるときは責任を負いますが、軽過失の場合には責任を負わないことになります。ただし、**現金**については、その性質上、軽過失についても責任を負います。

1 　正しい（法243の2の2①）。

2 　誤り。減額することはできません（行実昭45・10・5）。

3 　誤り。当該損害が2人以上の職員の行為によって生じたものであるときは、当該職員は、それぞれの職分に応じ、当該行為が当該損害の発生の原因となった程度に応じて賠償の責めを負います（法243の2の2②）。民法上の原則では、連帯して各人が全体の賠償責任を負いますので（民法719）、自治法は一般法である民法の例外を定めています。

4 　誤り。前段の部分は正しいですが、賠償を命じるのは長です（法243の2の2③）。

5 　誤り。監査委員の同意ではなく、議会の同意を得て、賠償責任の全部又は一部を免除することができます（同条⑧）。

**正解** 　1

# 44 重要ポイント

### ポイント❶ 対象となる職員で変わる賠償責任の要件

自治法で賠償責任が規定されているのは、2種類の職員（会計職員と予算執行職員）です。それぞれ、責任と行為が異なり、民法の規定は適用されません（法243の2の2⑭）。

それ以外の職員の賠償責任については、民法の規定が適用されますので、故意又は重過失だけではなく、軽過失についても責任を負うことになります。

| 対象者 | 責任 | 行為 |
|---|---|---|
| **会計職員等**<br>① 会計管理者、その補助職員<br>② 資金前渡を受けた職員<br>③ 占有動産を保管している職員<br>④ 物品を使用している職員 | **故意又は重過失（現金は故意又は過失）** | 「現金、有価証券、物品、占有動産、使用に係る物品」を**亡失**又は**損傷**した |
| **予算執行職員等**（次の権限を有する職員及び事務を直接補助する職員のうち、規則で指定した者）<br>① 支出負担行為<br>② 支出命令・支出命令の確認<br>③ 支出又は支払<br>④ 履行確保のための監督・検査 | **故意又は重過失**により、法令の規定に違反 | 当該行為又はそれを怠ったことにより普通地方公共団体に損害を与えた |

長や職員等の普通地方公共団体に対する損害賠償責任については、その職務を行うにつき善意でかつ重大な過失がないときは、賠償責任額を限定して、それ以上の額を免責する旨を条例で定めることができます（法243の2①、2020〔令2〕・4・1施行）。

### ポイント❷ 長・職員・監査委員をめぐる賠償命令の手続き

長は、対象となる職員が普通地方公共団体に損害を与えたと認めるときは、監査委員に、ア 賠償責任の有無、イ 賠償額の決定を求め、その決定に基づき、期限を定めて賠償を命じる必要があります

■賠償命令の手続き

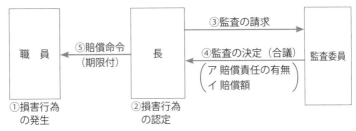

（法243の２の２③）。その場合、監査委員の決定は合議によります（同条⑨）（上図中③、④）。

住民訴訟（４号訴訟）で賠償を命ずる判決が確定している場合は、監査委員の関与を経ずに、確定日から60日以内に賠償を命ずる必要があります（同条④）。職員が賠償命令に応じない場合には、４号訴訟の場合と同様に、長は、当該職員に対する損害賠償請求訴訟を提起する必要があります（同条⑤）。この場合には、議会の議決は不要です（同条⑥）（上図中⑤）。

長は、当該職員からなされた「損害がやむを得ない事情によるものであることの証明」を相当と認めるときは、監査委員の意見を付けて議会に付議し、その同意を得て、賠償責任の全部又は一部を免除することができます（同条⑧）。

長は、賠償命令について審査請求がされた場合に、審査請求が適法であるときは、議会に諮問した上で裁決しなければなりません（同条⑪）。その仕組みは、給与に関する処分に対する審査請求（問33参照）と同様です。

## Question

　地方自治法に規定する公の施設に関する記述として、妥当なのはどれか。

1　普通地方公共団体は、条例で定める重要な公の施設のうち条例で定める特に重要なものについて、これを廃止するときは議会の同意が必要であるが、条例で定める長期かつ独占的な利用をさせるときは、議会の同意を要しない。

2　公の施設の指定管理者は、公益上必要があると認める場合を除くほか、条例の定めるところにより、当該公の施設の利用料金を定めることができるので、当該利用料金について当該普通地方公共団体の承認を受ける必要はない。

3　普通地方公共団体の長は、公の施設の指定管理者に対して、当該管理の業務又は経理の状況に関し報告を求め、実地について調査することはできるが、必要な指示をすることはできない。

4　普通地方公共団体は、その区域外においても、関係普通地方公共団体との協議により公の施設を設けることができるが、当該協議については、関係普通地方公共団体の議会の議決を経なければならない。

5　普通地方公共団体は、公の施設の利用について、不当な差別的取扱いをしてはならないので、当該普通地方公共団体の住民以外の利用者から当該普通地方公共団体の住民よりも高額の使用料を徴収することはできない。

# **A**nswer

　公の施設は、公園、学校、道路、下水道など身近にあるものですから、定義とともに具体例を思い浮かべるとよいでしょう。公の施設は、公有財産の区分では、行政財産のうちの公共用財産となります（問40　公有財産参照）。

　公の施設は、民間活力の活用の観点から、指定管理者制度がよく利用されます。従来の管理委託は第三セクターに限定されていましたが、平成15年の法改正により、指定管理者は、民間事業者に開放されました（通知平15・7・17）。

[1]　誤り。条例で定める重要な公の施設のうち条例で定める特に重要なものについて、条例で定める長期かつ独占的な利用をさせるときは、廃止するときと同様、議会において出席議員の2/3以上の同意が必要です（法244の2②）。

[2]　誤り。前段の部分は正しいですが、指定管理者は、あらかじめ当該利用料金について当該普通地方公共団体の承認を受ける必要があります（同条⑨）。

[3]　誤り。長は、公の施設の指定管理者に対して、当該管理の業務又は経理の状況に関し報告を求め、実地について調査することができ、必要な指示をすることができます（同条⑩）。

[4]　正しい（法244の3①、③）。

[5]　誤り。普通地方公共団体は、住民が公の施設を利用することについて、不当な差別的取扱いをしてはなりませんが（法244③）、「住民」は当該普通地方公共団体の住民を指すので、他の普通地方公共団体の住民に対する差別的取扱いを禁じたものではありません。

**正解**　[4]

### ポイント❶ 公の施設の定義等

公の施設とは、「住民の福祉を増進する目的をもって、その利用に供するための施設」です（法244①）。公園、学校などが該当します。定義上、次の施設は、公の施設ではありません。

| 「住民の福祉を増進する目的」でないもの | ・競輪場　・競馬場<br>・警察の留置場 |
|---|---|
| 「住民の利用に供するための施設」でないもの | ・市役所などの庁舎　・試験研究所　・区域外に設置する物産販売所 |

正当な理由がない限り、住民が公の施設を利用することを拒んではなりません（同条②）。正当な拒否理由を、条例で定めることが一般的です。さらに、住民が公の施設の利用について、不当な差別的取扱いをしてはなりません（同条③）。

### ポイント❷ 設置、管理、廃止は原則として条例で定める

公の施設の設置、管理に関する事項は、法令に定める場合を除くほか、条例で定めることが必要です（法244の2①）。

条例で定める重要な公の施設のうち条例で定める特に重要なものについて、廃止するときと条例で定める長期かつ独占的な利用をさせるときは、条例の制定・改廃に議会の同意（出席議員の2/3以上の特別多数決）が必要です（同条②）。

■公の施設に関する議会の議決

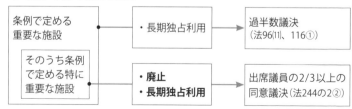

## ポイント❸ 公の施設の指定管理者制度

　公の施設の設置の目的を達成するため必要があると認めるときは、**条例**の定めるところにより、**指定管理者**（法人その他の団体で、当該普通地方公共団体が指定する者）に管理を行わせることができます（法244の2③）。ただし、**個人**は指定できません。

　普通地方公共団体は、あらかじめ議会の議決を経て、指定管理者を指定します（同条⑥）。指定管理者は、住民に対して公の施設の使用許可を与えることができます。また長又は委員会は、公の施設の指定管理者に対して、当該管理の業務又は経理の状況に関し報告を求め、実地について調査し、必要な指示をすることができます（同条⑩）。図示すると次の通りです。

■**指定管理者制度**

　適当と認めるときは、指定管理者にその管理する公の施設の利用に係る料金をその収入として収受させることができます（**利用料金制度**、同条⑧）。このことにより、指定管理者は、自主的に経営努力をしようとするインセンティブが働くようにしています。利用料金は、あらかじめ普通地方公共団体の承認を受けて、条例の定めるところにより、指定管理者が定めます。ただし、公益上必要があると認める場合は、普通地方公共団体が直接条例で定めます（同条⑨）。

　**公の施設の区域外設置**及び**他の団体の公の施設の利用**については、関係普通地方公共団体の議会の**議決**が必要です（法244の3）。

　公の施設を利用する権利に関する処分についての審査請求は、給与に関する処分に対する審査請求（問33参照）と同様です（法244の4）。

## **Q**uestion

地方自治法に規定する普通地方公共団体に対する国又は都道府県の関与に関する記述として、妥当なのはどれか。

1 国は、普通地方公共団体がその事務の処理に関し国又は都道府県の関与を受ける場合には、当該事務が自治事務であるときは、当該普通地方公共団体の自主性及び自立性について配慮しなければならないが、当該事務が法定受託事務であるときは、それらを配慮する必要はない。

2 各大臣は、市町村長の担任する事務の処理が法令の規定に違反していると認める場合、都道府県知事に対し、当該市町村に是正の要求を行うように指示することができるが、自ら是正の要求をすることは、いかなる場合であってもできない。

3 都道府県知事は、市町村の自治事務の処理が法令の規定に違反していると認めるとき、又は著しく適正を欠き、かつ、明らかに公益を害していると認めるときは、当該市町村に対し、当該自治事務の処理について違反の是正又は改善のため必要な措置を講ずべきことを勧告することができる。

4 都道府県知事は、市町村長の担任する自治事務の処理が適正を欠くと認めるときは、当該市町村に対し、改善のため講ずべき措置に関し、必要な指示をすることができる。

5 都道府県知事は、市町村長の法定受託事務の執行を怠る事項がある場合に、期限を定めて当該事項を行うべきことを当該市町村に指示しても、その期限までに行わないときは市町村長に代わって直ちに当該事項を行うことができる。

# **A**nswer

　関与は、種類が多いですが、構造は難しいものではありません。自治事務と法定受託事務では扱いが違うという基本的なことをしっかりと押さえましょう（問4　普通地方公共団体の事務、法定受託事務参照）。具体例として、平成22年7月に、鹿児島県知事が、阿久根市長に議会を招集するように是正の勧告（法245の6）を行っています。

1　誤り。当該普通地方公共団体の自主性及び自立性について配慮しなければならない（法245の3①）のは、自治事務も法定受託事務も同じです。

2　誤り。各大臣は、市町村長の担任する自治事務・第2号法定受託事務の処理が法令の規定に違反していると認めるときは、都道府県知事に対し、当該市町村に是正の要求を行うように指示することが原則ですが、緊急の場合には、自ら是正の要求ができます（法245の5④）。なお、是正の要求を受けた普通地方公共団体は、必要な措置を講じる必要があります（同条⑤）。

3　正しい（法245の6）。

4　誤り。自治事務については、是正の指示をすることはできません（法245の7）。解説で、事務の性質により、できることが異なることを確認してください。

5　誤り。代執行についての記述です。都道府県知事は、市町村長の法定受託事務の執行を怠る事項がある場合に、期限を定めて当該事項を行うべきことを当該市町村に指示しても、その期限までに行わないときは、高等裁判所に対し、訴えをもって、当該事項を行うべきことを命ずる旨の裁判を請求する必要があります（法245の8⑫で同条③を準用）。

**正解**　3

## ポイント❶ 関与の基本理念（関与法定主義）

普通地方公共団体は、法令によらなければ、国又は都道府県の関与を受ける（要する）ことはありません（法245の2）。

## ポイント❷ 個別法による関与の場合の原則

関与は、**必要最小限**にとどめ、普通地方公共団体の**自主性・自立性に配慮**する必要があります（法245の3①）。

自治事務と法定受託事務では、関与の可否が異なります。

法定受託事務については、本来、国（都道府県）が果たすべき役割に係るものですから、関与が広く認められます。

自治事務は、「同意」「許可・認可・承認」「指示」「協議」については例外的に関与が認められています（法245の3②～⑥）。

■7つの関与の形

| 関与の種類 | 自治事務 | 法定受託事務 |
|---|---|---|
| 助言・勧告、資料の提出の要求 | ○可能 | ○可能 |
| 是正の要求 | ○可能 | ○可能 |
| 同意、許可・認可・承認 | **△例外的に可能** | ○可能 |
| 指示 | **△例外的に可能** | ○可能 |
| 代執行 | ☆できる限り設けない | ○可能 |
| 協議 | **△例外的に可能** | **△例外的に可能** |
| その他の関与 | ☆できる限り設けない | ☆できる限り設けない |

## ポイント❸ 地方自治法を根拠とした関与

是正の要求、是正の勧告、是正の指示は次の場合にできます。

ア　法令の規定に違反していると認めるとき

イ　著しく適正を欠き、かつ、明らかに公益を害していると認めるとき

是正の要求は「都道府県→市町村」でも行うことができます。都道府県の執行機関が市町村の執行機関に対して行うには、各大臣の指示が前提になります（法245の5②）。

是正の要求又は指示に従わない場合、国は不作為の違法確認の訴えを提起できます（法251の7）。

### ■5つの関与の形

| 関与の種類 | 自治事務 | 法定受託事務 |
|---|---|---|
| 助言・勧告（法245の4）<br>資料の提出の要求（法245の4） | ○可能 | ○可能 |
| 是正の要求（法245の5）<br>→必要措置を講じる義務発生 | ○可能 | ○可能（2号のみ*） |
| 是正の勧告（法245の6） | ○可能 | ×不可 |
| 是正の指示（法245の7）<br>→必要措置を講じる義務発生 | ×不可 | ○可能 |
| 代執行（法245の8） | ×不可 | ○可能 |

＊　第2号法定受託事務とは、都道府県が本来果たすべき事務です。

## ポイント❹ 法定受託事務の処理基準

各大臣（都道府県の執行機関）は、都道府県（市町村）の法定受託事務について、処理基準を定めることができます（法245の9①、②）。処理基準は、目的を達成するために必要最小限のものでなければなりません（同条⑤）。

## Question

　地方自治法に規定する国地方係争処理委員会に関する記述として、妥当なのはどれか。

1　国地方係争処理委員会は、常勤の5人の委員をもって組織され、委員は、総務大臣の許可がある場合を除き、報酬を得て他の職務に従事し、又は営利事業を営んではならない。

2　総務大臣は、国地方係争処理委員会の委員が破産手続開始の決定を受け、又は禁錮以上の刑に処せられたときは、両議院の同意を得て、その委員を罷免することができる。

3　普通地方公共団体の長は、その担任する事務に関する国の不作為に不服があっても、国地方係争処理委員会に対し、当該国の不作為に係る審査の申出をすることはできない。

4　国地方係争処理委員会は、自治事務に関する国の関与について審査の申出があった場合は、審査を行い、国の行政庁の行った国の関与が普通地方公共団体の自主性及び自立性を尊重する観点から不当であると認めるときは、当該国の行政庁に対し、必要な措置をすべきことを勧告しなければならない。

5　国地方係争処理委員会は、審査を行うため必要があると認めるときは、国の関与に関する審査を申し出た普通地方公共団体の長その他の執行機関又は国の行政庁の申立てにより証拠調べをすることができるが、職権で証拠調べをすることはできない。

# Answer

　普通地方公共団体に対する国の関与に係る紛争解決のために、国地方係争処理委員会が常設で設置されています。

　自治紛争処理委員が、事案ごとに委員を任命する臨時的な機関である（法251②）ことと対比してください。

　国地方係争処理委員会への審査の申出の最初は、横浜市の「勝馬投票券発売税」創設の際、総務大臣との協議で不同意にされた事件です。

1　誤り。5人の委員は、非常勤が原則ですが、5人のうち、2人は常勤とすることができます（法250の8）。**常勤の委員**は、総務大臣の許可がある場合を除き、報酬を得て他の職務に従事し、または営利事業を営んではなりません（法250の9⑮）。

2　誤り。総務大臣は、国地方係争処理委員会の委員が破産手続開始の決定を受け、または禁錮以上の刑に処せられたときは、**両議院の同意を得ずに、その委員を罷免しなければなりません**（法250の9⑧）。

3　誤り。不作為についても、審査の申出をすることができます（法250の13②）。

4　正しい（法250の14①）。

5　誤り。行政庁の申立てによるほか、委員会独自の職権で証拠調べをすることができます（法250の16①）。

**正解**　4

### ポイント❶ 国地方係争処理委員会の設置と委員の任命

　総務省に、国地方係争処理委員会（以下「委員会」）が置かれ、この委員会は、国の関与に関する普通地方公共団体からの審査の申出を受けて、審査・勧告を行います（法250の7）。

　委員会は、非常勤の5人の委員（うち、2人は常勤可）で組織されます（法250の8）。委員は、総務大臣が両議院の同意を得て任命します（法250の9①）。

　**常勤の委員**は、総務大臣の許可がある場合を除き、報酬を得て他の職務に従事し、または営利事業を営んではなりません（同条⑮）。

　この委員の互選により委員長を置きます（法250の10①）。

### ポイント❷ 国地方係争処理委員会の審査手続

　普通地方公共団体の執行機関は、国の関与（限定あり）に不服があるときは、その国の行政庁を相手方として、文書で、審査の申出をすることができます（法250の13①〜③）。

　公権力の行使に当たるものについては、関与があった日から、30日以内の申出期間があります（同条④）。普通地方公共団体の執行機関は、あらかじめ審査の申出をする旨を国の行政庁に通知する必要があります（同条⑦）。

　それを受けて、委員会は、審査を行い、勧告・通知等を行います（法250の14）。流れを図示すると次のようになります。

■国地方係争処理委員会の審査手続

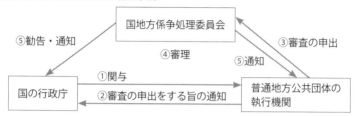

## ポイント❸ 国地方係争処理委員会の対応パターン

委員会の対応としては、関与が違法でないとき、不当でないときは、理由を付して、その旨を普通地方公共団体の執行機関及び国の行政庁に通知し、公表することになります。しかし、次表の場合は、勧告等を行うことになります（法250の14①〜④）。

| 審査の対象 | 判断 | 対応 |
|---|---|---|
| 是正の要求、許可の拒否等**公権力の行使**に当たるもの | ・自治事務で**違法・不当**<br>・法定受託事務で**違法** | 国の行政庁に対し、必要な措置を講ずべきことを**勧告・公表** |
| 国の**不作為** | 申出に理由があるとき | 同上 |
| **協議**が整わないとき | 協議に係る普通地方公共団体がその義務を果たしているか審査 | 理由を付して普通地方公共団体の執行機関と国の行政庁に**通知・公表** |

審査の対象は、関与の基本類型のうち、法的な拘束力のない「技術的な助言・勧告」と「資料に提出の要求」は除かれています。

審査・勧告は、審査の申出があった日から90日以内に行う必要があります（同条⑤）。

委員会は、審査の申出があった場合において、相当と認めるときは、職権により調停案を作成して、普通地方公共団体の執行機関及び国の行政庁に示し、その受諾を勧告することができます（法250の19）。

## Question

　地方自治法に規定する普通地方公共団体相互間の協力に関する記述として、妥当なのはどれか。

1. 普通地方公共団体の長は、法律に特別の定めがあるものを除き、他の普通地方公共団体の長に対して職員の派遣を求めることができるが、その求めに応じて派遣される職員は、派遣を受けた普通地方公共団体の職員の身分も併せて有することになる。

2. 普通地方公共団体の協議会は、地方公共団体の組合とは異なり法人格を持たないので、いかなる場合においても関係のある公の機関の長に対し、資料の提出、意見の開陳、説明その他必要な協力を求めることができない。

3. 普通地方公共団体の協議会は、管理執行協議会、連絡調整協議会、計画作成協議会としてその性格上区分されており、いずれの協議会を設置する場合も、協議により規約を定めて行うが、この協議については、関係普通地方公共団体の議会の議決を要する。

4. 普通地方公共団体は、協議により規約を定めて委員会又は委員を共同設置することができるが、労働委員会及び公安委員会は、共同設置することができない。

5. 総務大臣又は都道府県知事は、公益上必要がある場合、関係普通地方公共団体に対して協議会を設置することを勧告することができるが、事務の委託を勧告することはできない。

# **A**nswer

　普通地方公共団体相互の協力関係には、①連携協約、②共同処理する方式、③相互に事務や職員を融通しあう方式があります。

　特別地方公共団体の設置には、法人格設置のための厳格な手続きが必要ですが、それ以外は法人格がない簡便な方式で、「柔軟な連携」ができるようにしています。

① 連携協約

② 共同処理方式 {
　特別地方公共団体（組合）の設置（問50参照）
　協議会の設置
　執行機関等・職員の共同設置
}

③ 事務等融通方式 {
　事務委託・事務の代替執行
　職員の派遣
}

1　正しい（法252の17①、②）。

2　誤り。協議会は、関係のある公の機関の長に対し、資料の提出、意見の開陳、説明その他必要な協力を求めることができます（法252の2の2⑥）。

3　誤り。協議については、管理執行協議会及び計画作成協議会の場合は、関係普通地方公共団体の議会の議決を要しますが、連絡調整協議会の場合には、関係普通地方公共団体の議会の議決は不要です（法252の2の2①、③）。

4　誤り。普通地方公共団体は、協議により規約を定めて委員会又は委員を共同設置することができますが、**公安委員会**は、共同設置することができません（法252の7①但書）。

5　誤り。総務大臣又は都道府県知事は、公益上必要がある場合、関係普通地方公共団体に対して事務の委託についても勧告することができます（法252の14③により252の2の2④を準用）。

**正解　　1**

### ポイント❶ 自治体間における「連携協約」の創設

普通地方公共団体は、他の普通地方公共団体と連携して事務を処理するに当たっての**基本的な方針**及び**役割分担**を定める**連携協約**を締結することができます（法252の2①）。これは平成26年の自治法改正で新設された制度です。

### ポイント❷ 3種類ある協議会の設置

協議会は、次の3種類があります（法252の2の2①）。

ア　普通地方公共団体の事務の一部の**共同管理執行**

イ　普通地方公共団体の事務の管理執行の**連絡調整**

ウ　広域にわたる総合的な**計画の共同作成**

協議会が事務を管理・執行した場合は、関係普通地方公共団体の執行機関が管理・執行したものとして効力があります（法252の5）。

### ポイント❸ 執行機関等・職員の共同設置

普通地方公共団体は、共同して次の機関等を設置することができます（法252の7①）。

① 議会事務局　② 行政委員会（**公安委員会を除く**）　③ 附属機関
④ 行政機関　⑤ 長の内部組織　⑥ 行政委員会の事務局
⑦ 議会・長・行政委員会の補助職員　⑧ 専門委員　⑨ 監査専門委員

### ポイント❹ 事務の委託・事務の代替執行とその違い

普通地方公共団体は、事務の一部を他の普通地方公共団体に委託して管理執行させることができます（法252の14）。

また、普通地方公共団体は、事務の一部を、**当該普通地方公共団体の名**において、他の普通地方公共団体の長等に管理・執行（代替執行）させることができます（法252の16の2）。この場合、当該事

務について、代替を依頼した当該普通地方公共団体の責任・権限が維持されることに特徴があります。

それに対し、「事務の委託」では、委託した事務の責任・権限は委託先に移ります。

### ポイント**5** 職員の派遣と職員の身分

普通地方公共団体の長・委員会（委員）は、他の普通地方公共団体の長・委員会（委員）に対して職員の派遣を求めることができます（法252の17①）。その求めに応じて派遣される職員は、派遣を受けた普通地方公共団体の職員の身分も併せて有します（同条②）。

### ポイント**6** 協議（要、議会の議決）、規約と勧告

職員の派遣を除き、設置等をするには、関係普通地方公共団体の**議会の議決を経た協議**が必要です（連絡調整協議会を除く）。

職員の派遣を除き、公益上必要がある場合、**総務大臣**（都道府県が締結、加入するもの）又は**都道府県知事**（その他のもの）は、関係普通地方公共団体に対して協議会の設置の**勧告**ができます。

| 協力の種類 | 協議・規約 | 議会の議決 | 設置の勧告 |
|---|---|---|---|
| ① 連携協約 | 協議 | ○必要 | ○可能 |
| ② 協議会 | 協議・規約 | ○必要<br>（連絡調整は不要） | ○可能 |
| ③ 執行機関等・職員の共同設置 | 協議・規約 | ○必要 | ○可能 |
| ④ 事務の委託 | 協議・規約 | ○必要 | ○可能 |
| ⑤ 事務の代替執行 | 協議・規約 | ○必要 | ○可能 |
| ⑥ 職員の派遣 | 不要 | ×不要 | ×不可 |

## Question

　地方自治法に規定する特別区に関する記述として、妥当なのはどれか。

1　特別区は、特別区の存する区域を通じて都が一体的に処理するものとされているものを除き、市町村が処理するものとされている事務を処理するものとされ、地方自治法において普通地方公共団体に区分される。

2　都知事及び特別区の区長をもって組織される都区協議会は、都と特別区の協議により規約に基づいて設置される任意の協議会であって、法律上設置を義務付けられたものではない。

3　都知事は、特別区に対し、都と特別区及び特別区相互の間の調整上、特別区の事務の処理について、その処理の基準を示す等必要な助言又は勧告をすることができる。

4　市町村の廃置分合又は境界変更を伴わない特別区の廃置分合又は境界変更は、関係特別区の申請に基づき、内閣が国会の承認を得てこれを定めなければならない。

5　特別区財政調整交付金に関する条例を制定する場合において、都知事は、あらかじめ都区協議会の意見を聴くことができるが義務付けられてはいない。

# **A**nswer

　特別区は、かつては、都の内部的組織でしたが、平成12年の分権改革により市に準ずる**基礎的な地方公共団体**となり、現在に至ります（法281の2②）。

　しかし、現在でも、首都における**行政の一体性及び統一性の確保**の観点から（同条①）、都との役割分担、特別区財政調整交付金、都区協議会など普通の県と市の関係にはない独自の制度があることに留意しましょう。

1　誤り。前段は正しいですが、特別区は、特別地方公共団体です（法1の3③）。

2　誤り。都区協議会は、自治法により設置される法定の組織です（法282の2①）。都と特別区及び特別区相互の間の連絡調整を図るために設置されます。

3　正しい（法281の6）。これは、都道府県が市町村に対して行う一般的な助言・勧告（法245の4）以外に、都と特別区との特殊な関係に基づいて、政策的判断による指導ができることを規定しています。

4　誤り。市町村の廃置分合又は境界変更を伴わない特別区の廃置分合又は境界変更は、関係特別区の申請に基づき、**都知事**が都議会の議決を経て定め、その旨を総務大臣に届ける必要があります（法281の4）。

5　誤り。特別区財政調整交付金に関する条例を制定する場合は、都知事は、あらかじめ都区協議会の意見を聴く義務があります（法282の2②）。

**正解　3**

### ポイント**1** 特別区の処理する事務のイメージ

特別区は、法令により都が処理する事務（A）を除き、次のア、イの事務を処理します（法281②）。

ア　市の事務（地域における事務及びその他の事務で法令により市が処理する事務）

イ　法令により特別区が処理する事務（B）

すなわち、特別区の事務＝市の事務－（A）＋（B）となります。

### ポイント**2** 特別区財政調整交付金の目的

都は、次のア、イの目的で、政令で定めるところにより、条例で、特別区財政調整交付金を交付します（法282①）。

ア　都と特別区及び特別区相互間の財源の均衡化を図る

イ　特別区の行政の自主的かつ計画的な運営を確保する

総務大臣は、必要な助言又は勧告ができます（同条④）。

### ポイント**3** 都区協議会は都と特別区の委員からなる

都区協議会は、都と特別区及び特別区相互の間の連絡調整を図るために設置される**法定の組織**で（法282の2①）、執行権を持ちません。

都区協議会は、都と特別区の合計16人の委員で組織されます（令

210の16②、③）。内訳は次のとおりです。

　ア　都側委員８人（都知事＋都職員７人）

　イ　区側委員８人（特別区長の代表）

　会長は、委員の互選で定めます（同令⑤）。

　特別区財政調整交付金に関する条例を制定する場合は、都知事は、あらかじめ都区協議会の意見を聴く必要があります（法282の２②）。

## ポイント❹ 特別区の廃置分合・境界変更

　法７条（市町村の廃置分合・境界変更）は、特別区には適用せず（法281の３）、次表のようになります（法281の４）。

■特別区独自の廃置分合・境界変更

| 廃置分合・境界変更の種類 | 手続き |
|---|---|
| 市町村の廃置分合・境界変更を伴わない**特別区の廃置分合・境界変更** | 関係特別区の申請に基づき、**都知事**が都議会の議決を経て定め、**総務大臣**に届出 |
| 都と都道府県の境界にわたる**特別区の境界変更** | 関係特別区・関係普通地方公共団体の申請に基づき、**総務大臣**が定める |
| 都内の市町村区域の全部又は一部による**特別区の設置** | 当該市町村の申請に基づき、**都知事**が都議会の議決を経て定め、**総務大臣**に届出 |
| 都内の市町村の廃置分合・境界変更を伴う**特別区の境界変更**で、市町村の設置を伴わないもの | 関係特別区・関係市町村の申請に基づき、**都知事**が都議会の議決を経て定め、**総務大臣**に届出 |

## Question

　地方自治法に規定する一部事務組合及び広域連合に関する記述として、妥当なのはどれか。

1　特別区は、その事務の一部を共同処理するため、一部事務組合を設けることができるが、それにより、一部事務組合の特別区につきその執行機関の権限に属する事項がなくなっても、当該執行機関は消滅しない。

2　市町村及び特別区の事務に関し相互に関連するものを共同処理するための市町村及び特別区の一部事務組合については、市町村又は特別区の共同処理しようとする事務が他の市町村又は特別区の共同処理しようとする事務と同一の種類のものでなければならない。

3　一部事務組合は、これを組織する地方公共団体の共同処理する事務を変更しようとするときは、関係地方公共団体の協議によりこれを定め、都道府県の加入するものにあっては総務大臣、その他のものにあっては都道府県知事の許可を受けなければならない。

4　都道府県の加入する広域連合は、これを組織する地方公共団体の数を増減しようとするときは、関係地方公共団体の協議により定め、総務大臣に届出をすればよく、総務大臣の許可を受ける必要はない。

5　広域連合の長は、政令で特別の定めをするものを除くほか、広域連合の規約に定めるところにより、広域連合の選挙人が投票により又は広域連合を組織する地方公共団体の議会においてこれを選挙する。

# **A**nswer

　地方公共団体の組合は、事務の一部を共同処理するために新たに設けられるもので、一部事務組合と広域連合の２種類があります（法284①）。いずれも、法人格を有する特別地方公共団体です。

**1**　誤り。組合（一部事務組合・広域連合）を設け、組合内の地方公共団体につき、その執行機関の権限に属する事項がなくなったときは、その執行機関は消滅します（法284②、③）。

**2**　誤り。市町村及び特別区の事務に関し相互に関連するものを共同処理するための市町村及び特別区の一部事務組合については、市町村又は特別区の共同処理しようとする事務が他の市町村又は特別区の共同処理しようとする事務と同一の種類のものでなくても設置できます（法285）。これを**複合的一部事務組合**といいます。

**3**　正しい（法286①）。

**4**　誤り。広域連合を組織する地方公共団体の数の増減、事務・規約の変更については、総務大臣（都道府県の加入するもの）又は都道府県知事（その他のもの）の**許可**が必要です（法291の３①）。これは、一部事務組合も同じです（法286①）。

　なお、平成24年の法改正により、一部事務組合の構成団体は、その議会の議決を経て脱退することが可能になりました（法286の２）。

**5**　誤り。問題文は、広域連合の議会の議員の選挙に当てはまります（法291の５①）。広域連合の長は、政令で特別の定めをするものを除くほか、広域連合の規約に定めるところにより、広域連合の選挙人が投票により又は広域連合を組織する地方公共団体の**長が投票によりこれを選挙します（同条②）。

**正解**　**3**

## ポイント❶ 組合の設置手続

　普通地方公共団体及び特別区は、**協議**により**規約**を定め、総務大臣（都道府県の加入するもの）又は都道府県知事（その他のもの）の**許可**を得て組合（一部事務組合・広域連合）を設置できます。

　この場合に、組合内の地方公共団体につきその執行機関の権限に属する事項がなくなったときは、当該執行機関は消滅します（法284②、③）。組合は法人格を有する特別地方公共団体である点が重要です。

　都道府県知事は、公益上必要がある場合においては、関係のある市町村及び特別区に対し、組合を設けるべきことを**勧告**することができます（法285の2①）。

## ポイント❷ 一部事務組合は同種の事務を共同処理

　一部事務組合の組織として、**議会**と執行機関である**管理者**（理事会も可能）、職員が置かれます。議員、管理者は公選によることもできますが、組合を構成する普通地方公共団体の議員、長、職員と兼ねることができます（法287②）。これは兼職禁止の例外です。

① 　複合的一部事務組合

　　市町村・特別区は、関連する同一種類でない事務（例：上水道と下水道）を共同処理する組合を設置することができます（法285）。

② 　特例一部事務組合

　　規約で定めるところにより、一部事務組合の議会を構成団体の議会をもって組織することができ、これを特例一部事務組合といいます（法287の2）。

③ 　解散

　　一部事務組合を解散しようとするときは、関係普通地方公共団体の協議（要、議会の議決）により、総務大臣又は都道府県知事

に**届出**をする必要があります（法288）。

## ポイント❸ 広域連合は広域計画の作成が必要

広域連合の組織として、**議会**と執行機関である**長**（理事会も可能）、職員が置かれます。議員、長は公選によることもできますが、広域連合を構成する普通地方公共団体の議員、長、職員と兼ねることができます（法291の4④）。これも兼職禁止の例外です。

① 広域計画の作成義務

広域連合設置後、速やかに議会の議決を経て、**広域計画**を作成する必要があります（法291の7①）。

② 協議会の設置

広域連合の条例で、**協議会**を設置できます（法291の8①）。

③ 解散

広域連合を解散しようとするときは、関係普通地方公共団体の協議（要、議会の議決）により、総務大臣又は都道府県知事の**許可**を受ける必要があります（法291の10①）。

### ■一部事務組合・広域連合の比較

| | 一部事務組合 | 広域連合 |
|---|---|---|
| 目的 | 事務の一部を共同処理する | **広域計画**を作成して、その事務の管理執行の連絡調整と実際の処理を行う |
| 組織 | 議会＋**管理者**＋職員 | 議会＋**長**（理事会）＋職員 |
| 事務 | 共通事務の処理が原則 | 異なる事務も処理可能 |
| 直接請求 | 不可 | 可能 |
| 住民監査請求 | 可能 | 可能 |
| 解散 | 総務大臣等に**届出** | 総務大臣等の**許可** |

この問題が出る！　地方自治法スピード攻略〈第1次改訂版〉

2019年 2 月25日　初版発行
2023年 7 月28日　第 1 次改訂版発行

編著者　地方公務員
　　　　昇任試験問題研究会

発行者　佐久間重嘉

学陽書房

〒102-0072　東京都千代田区飯田橋 1 - 9 - 3
営業（電話）03-3261-1111（代）
　　（FAX）03-5211-3300
編集（電話）03-3261-1112（代）
http://www.gakuyo.co.jp/